“十三五”国家重点图书出版规划项目

赵智奎　主编

我们的核心价值观

国家篇

齐　冰　著

黄山书社

图书在版编目(CIP)数据

我们的核心价值观·国家篇/赵智奎主编.齐冰著.—合肥：黄山书社,2016.12
ISBN 978-7-5461-6005-4

Ⅰ.①我… Ⅱ.①赵… ②齐… Ⅲ.①社会主义建设-价值论-中国-通俗读物 Ⅳ.①D616-49

中国版本图书馆 CIP 数据核字(2017)第 000260 号

我们的核心价值观·国家篇
WOMEN DE HEXIN JIAZHIGUAN GUOJIA PIAN

赵智奎 主编 齐 冰 著

出品人 王晓光
策　划 马 磊 高 杨
责任编辑 秦矿玲
责任印制 李 磊
装帧设计 观止堂_刘俊
出版发行 时代出版传媒股份有限公司(http://www.press-mart.com)
黄山书社(http://www.hspress.cn)
官方直营书店(http://hsssbook.taobao.com)
营销部电话:0551-63533768 63533788
(合肥市蜀山区翡翠路 1118 号出版传媒广场 7 层 邮编:230071)
经　销 新华书店
印　制 安徽国文彩印有限公司

开本 880×1230 1/32 印张 8 字数 180 千字
版次 2016 年 12 月第 1 版 2016 年 12 月第 1 次印刷
书号 ISBN 978-7-5461-6005-4 定价 26.00 元

总　序

赵智奎

党的十八大以来，以习近平同志为核心的党中央，站在新的历史起点上科学把握时代大趋势，在治国理政的实践中，团结带领全国各族人民，紧紧围绕实现"两个一百年"奋斗目标和中华民族伟大复兴的中国梦，提出了一系列新观点、新论断、新要求，开辟了治国理政新境界，开创了党和国家事业发展新局面，形成一系列治国理政的新理念新思想新战略，丰富和发展了中国特色社会主义。

习近平总书记系列重要讲话形成了系统完整的思想理论体系，是中国特色社会主义理论体系最新成果，是马克思主义中国化最新成果。习近平总书记以21世纪中国马克思主义创新的巨大理论勇气，科学地回答了新一代马克思主义者面对的时代课题与实践挑战，以实现中华民族伟大复兴为居于引领地位的宏伟奋斗目标和凝聚13亿多中国人民的共同梦想，在中国特色社会主义的必由之路上，协调推进"四个全面"战略布局，牢固树立"五大发展"

理念，统筹推进政治、经济、文化、社会、生态文明五位一体建设，发展和创新马克思主义及中国特色社会主义，升华了马克思主义发展新境界，续写了中国特色社会主义事业新篇章。

呈现在读者面前的《我们的核心价值观》丛书，就是在上述背景下撰写和推出的。这是努力以习近平总书记的系列重要讲话精神为指导，尽力结合以习近平同志为核心的党中央治国理政新理念新思想新战略，试图以通俗的方式阐述社会主义核心价值观的丛书，分《总论篇》《国家篇》《社会篇》《公民篇》四册来解读。我们希望在思想理论界以往的社会主义核心价值体系研究、社会主义核心价值观研究的基础上，结合十八大以来新的发展形势，写出一些新意。

我们看到，党的十八大以来，党中央高度重视培育和践行社会主义核心价值观。习近平总书记多次作出重要论述、提出明确要求。中共中央政治局围绕培育和弘扬社会主义核心价值观、弘扬中华传统美德进行集体学习。中共中央办公厅下发《关于培育和践行社会主义核心价值观的意见》，中共中央办公厅、国务院办公厅还联合印发了《关于进一步把社会主义核心价值观融入法治建设的指导意见》。党中央的高度重视和有力部署，为加强社会主义核心价值观教育实践提供了遵循依据，指明了努力方向。

社会主义核心价值观是习近平总书记系列重要讲话的重要内容,是以习近平同志为核心的党中央治国理政的重要内容。培育和践行社会主义核心价值观,用社会主义核心价值观凝心聚力,正在成为我们时代的文化最强音。

社会主义核心价值观是党的十八大提出的,即富强、民主、文明、和谐,自由、平等、公正、法治,爱国、敬业、诚信、友善。这 24 个字把涉及国家、社会、公民三个层面的价值要求融为一体,全面呈现了我们的国家、我们的社会、我们的公民应有的精神面貌与内在气质。

要把社会主义核心价值观内化于心、外化于行,就必须将习近平总书记关于社会主义核心价值观的一系列重要论述,贯彻到我们的工作与生活中去。

社会主义核心价值观与我们每个人的道德修养紧密相关。习近平总书记在 2013 年全国宣传思想工作会议上的讲话中指出:"要加强社会主义核心价值体系建设,积极培育和践行社会主义核心价值观,全面提高公民道德素质,培育知荣辱、讲正气、作奉献、促和谐的良好风尚。"他还于 2013 年在山东考察时指出:"国无德不兴,人无德不立。必须加强全社会的思想道德建设,激发人们形成善良的道德意愿、道德情感,培育正确的道德判断和道德责任,提高道德实践能力尤其是自觉践行能力,引导人们向往和追求讲道德、尊道德、守道德的生活,形成向上的力量、向善的力量。只要中华民族一代接着一代追求美好崇高的道德境界,我们的民族就永远充满希望。”

社会主义核心价值观体现当代中国人对世界的精神贡献。2013 年 12 月,习近平总书记在中共中央政治局第十二次集体学习时的讲话中指出:“当代中国价值观念,就是中国特色社会主义价值观念,代表了中国先进文化的前进方向。我国成功走出了一条中国特色社会主义道路,实践证明我们的道路、理论体系、制度是成功的。要加强提炼和阐释,拓展对外传播平台和载体,把当代中国价值观念贯穿于国际交流和传播方方面面。中国梦的宣传和阐释,要与当代中国价值观念紧密结合起来。中国梦意味着中国人民和中华民族的价值体认和价值追求,意味着全面建成小康社会、实现中华民族伟大复兴,意味着每一个人都能在为中国梦的奋斗中实现自己的梦想,意味着中华民族团结奋斗的最大公约数,意味着中华民族为人类和平与发展作出更大贡献的真诚意愿。”

社会主义核心价值观是当代中国文化软实力的核心体现。2014 年 2 月,习近平总书记在中共中央政治局第十三次集体学习时的讲话中指出:“核心价值观是文化软实力的灵魂、文化软实力建设的重点。这是决定文化性质和方向的最深层次要素。一个国家的文化软实力,从根本上说,取决于其核心价值观的生命力、凝聚力、感召力。培育和弘扬核心价值观，有效整合社会意识，是社会系统得以正常运转、社会秩序得以有效维护的重要途径，也是国家治理体系和治理能力的重要方面。历史和现实都表明，构建具有强大感召力的核心价值观，关系社会和谐稳定，关系国家长治久安。”

社会主义核心价值观具有深厚的中华优秀传统文化根基。正如习近平总书记2013年3月在十二届全国人大一次会议闭幕会上的讲话中所指出的：“中华民族具有5000多年连绵不断的文明历史，创造了博大精深的中华文化，为人类文明进步作出了不可磨灭的贡献。经过几千年的沧桑岁月，把我国56个民族、13亿多人紧紧凝聚在一起的，是我们共同经历的非凡奋斗，是我们共同创造的美好家园，是我们共同培育的民族精神，而贯穿其中的、最重要的是我们共同坚守的理想信念。”在2014年2月中央政治局第十三次集体学习时，习近平总书记谆谆告诫我们：“培育和弘扬社会主义核心价值观必须立足中华优秀传统文化。牢固的核心价值观，都有其固有的根本。抛弃传统、丢掉根本，就等于割断了自己的精神命脉。博大精深的中华优秀传统文化是我们在世界文化激荡中站稳脚跟的根基。中华文化源远流长，积淀着中华民族最深层的精神追求，代表着中华民族独特的精神标识，为中华民族生生不息、发展壮大提供了丰厚滋养。中华传统美德是中华文化精髓，蕴含着丰富的思想道德资源。不忘本来才能开辟未来，善于继承才能更好创新。对历史文化特别是先人传承下来的价值理念和道德规范，要坚持古为今用、推陈出新，有鉴别地加以对待，有扬弃地予以继承，努力用中华民族创造的一切精神财富来以文化人、以文育人。要讲清楚中华优秀传统文化的历史渊源、发展脉络、基本走向，讲清楚中华文化的独特创造、价值理念、鲜明特色，增强文化自信和价值观自信。要认真汲取中华优秀传统文化的思想精华和道德精髓，大力弘扬以爱国主义为核心的民族精神和以改革创新为核心的时代精神，深入挖掘和阐发中华优秀传统文化讲仁爱、重民本、守诚信、崇正义、尚和合、求大同的时代价值，使中华优秀传统文化成为涵养社会主义核心价值观的重要源泉。要处理好继承和创造性发展的关系，重点做好创造性转化和创新性发展。”

社会主义核心价值观必将成为中国人民屹立于世界民族之林的文化标识。2014 年 2 月，在省部级主要领导学习贯彻十八届三中全会精神全面深化改革专题研讨班开班式上的讲话中，习近平总书记说：“要大力培育和弘扬社会主义核心价值体系和核心价值观，加快构建充分反映中国特色、民族特性、时代特征的价值体系。坚守我们的价值体系，坚守我们的核心价值观，必须发挥文化的作用。民族文化是一个民族区别于其他民族的独特标识。要加强对中华优秀传统文化的挖掘和阐发，努力实现中华传统美德的创造性转化、创新性发展，把跨越时空、超越国度、富有永恒魅力、具有当代价值的文化精神弘扬起来，把继承优秀传统文化又弘扬时代精神、立足本国又面向世界的当代中国文化创新成果传播出去。只要中华民族一代接着一代追求美好崇高的道德境界，我们的民族就永远充满希望。”

遵循和响应党中央、习近平总书记的部署和号召，中国大地上兴起了培育和践行社会主义核心价值观的热潮；社会主义核心价值观建设朝着全方位推进、全领域覆盖发展，成为巩固全党全国各族人民团结奋斗的共同思想基础。

本丛书特别强调，社会主义核心价值观是“我们的核心价值观”，并以此为本丛书名称。这是为什么呢？

众所周知，马克思主义价值观，是建立在科学的实践观基础之上的，认为实践的观点乃是理解各种价值现象的钥匙。在阶级社会，人们的价值标准或价值规范受其阶级地位的规定和影响。不同阶级的需要、利益、兴趣、愿望往往不同，甚至彼此对立。对于是非、善恶、美丑等，也有不同的评价标准。

从实践的观点出发，一定时代的人们的价值标准，总是植根于当时人们生活的物质条件，必然受当时社会历史条件的制约，总要打上相应时代的历史印记。因此，价值观在本质上是一个社会历史范畴，不存在永恒不变的价值标准和价值体系。马克思主义哲学反对任何在价值上超越历史的观点，对任何社会现象的评价都不能离开当时的历史条件。

同时，我们也要认识到，任何价值观都是从属于世界观的。换言之，有不同的世界观，其价值观也必然不同。对于共产主义者来说，实现无产阶级和全人类的解放即实现共产主义，是他们的全部社会活动所追求的最高价值。需要认识到，核心价值观并不是简单地在价值观前面加上"核心"二字而已。核心价值观应该是一种思想共识。这种思想共识是在最一般和最高层面上形成的，是一个阶级和政党、国家在最基本问题上的共识。习近平总书记说，核心价值观承载着一个民族、一个国家的精神追求和最高境界，就说明了这个道理。

中国改革开放向纵深发展的今天，社会主义核心价值观的提出，正是承载着中华民族、中国的精神追求和最高境界，代表着现代中华民族之魂，是彰显中华民族之魂的重要标志。

我们认为，富强、民主、文明、和谐，自由、平等、公正、法治，爱国、敬业、诚信、友善，从国家、社会、公民三个层面，成为统摄中华民族精神世界的国家之魂、社会之魂、公民之魂，是中华民族精神世界丰富和发展的需要，是中国改革开放向纵深发展对精神文明建设提出的新要求，是现实的需要，是发展大势的需要。归根结底，是一种客观世界的需要，也是主观世界的需要。这也就是说，社会主义核心价值观成为中华民族之“魂”，是现实的、可能的，是正逢其时的。

事实上，中国共产党作为执政党提出的三个倡导，即在三个层面（国家、社会、公民）上提出倡导和主张，不仅表明了执政党的决心，也是中国共产党代表先进文化的前进方向的具体体现。这三个倡导，完全符合中国共产党的纲领。这三个倡导，有如三面镜子。现实生活中，国家、社会和公民，都离不开镜子，都要照镜子。在三面镜子前，中国共产党人和广大人民群众，每天都要照镜子，要认真对照、反省自己是否遵循了核心价值观。

从国家层面看这面镜子，就是要时刻对比和反思，我们的国家是否正朝着实现“两个一百年”奋斗目标和中华民族伟大复兴中国梦的社会主义现代化的方向前进，能否真正成为富强、民主、文明、和谐的社会主义现代化强国。此后，还要向新的目标继续前进。

从社会层面看这面镜子，就是要对现实社会作出分析和考量，看看我们的社会距离自由、平等、公正、法治还有没有距离，如何不断缩短这一距离，达到和实现社会主义条件下的自由、平等、公正、法治。

从公民层面看这面镜子，就是要不断提高公民的整体思想素质，看看中华民族的精神状态是什么，是否真正达到了爱国、敬业、诚信、友善，并能够在实际行动中充分表现出来。

这三面镜子要经常照，反复照，时照时新，而且越照越有信心和动力。照镜子的过程，是思想自我更新、不断升华的过程。同时，在照镜子的过程中，还要经常擦拭这三面镜子，使镜子更明亮，更清晰，从而使镜子和照镜者融合在一起，实现主体和客体相统一的最高境界。

我们的核心价值观，是在中国独特的文化传统、独特的历史命运、独特的基本国情的基础上构建起来的，绝不是照抄和照搬西方资本主义世界的主流价值观。从这个意义上说，我们的核心价值观，属于中国，属于中国人民，具有中国特色，不同于西方，更不是对西方“普世价值”的拷贝和翻版。中国和西方是有一些共同的价值观，可以相互借鉴并交相辉映，但是用西方国家的价值观来取代中国的核心价值观，是不可取的，也是不能接受的。从另一个角度说，世界的文明发展是多元的，也是多彩的；东方文明从历史上看，对世界文明发展作出了独特的贡献，是不可或缺的。因而，把西方一些价值观捧得过高，说成是“普世价值”，是不符合世界历史发展事实的。

这也就是说，我们的核心价值观，是社会主义的核心价值观，它姓“社”不姓“资”、姓“中”不姓“西”，这都是从本质上对核心价值观的表述和判断。这就是核心价值观的“品格”。社会主义核心价值观的品格，从姓“中”不姓“西”的意义上来讲，它们是对中华民族优秀传统文化的继承和发展，传承着传统文化的精华。这一品格的彰显，具有核心价值观独特的魅力。

我们还应认识到，我们的核心价值观属于中华各民族。具体来说，社会主义核心价值观不是某一个单一民族的价值观，而是属于中华民族的每一个民族，是56个民族共同的价值观。对此问题，理论界较少论及。我们认为，讲我们的核心价值观，把这个问题说清楚，具有重大的现实意义。

自古以来，中国就是一个多民族的国家。从文化传统来说，中华民族文化的多样性与同一性，是其根本特征。中华民族文化多样性表现在两个方面：一是民族文化的多样性，56个民族都有自己的独特传统，都有自己的文化特色；二是地域文化的多样性，中国地域辽阔，各地区均有自己的文化特色。中国共产党遵循了马克思主义民族观，也是在中华民族多元一体的思想基础上，治理这个统一的多民族国家。实行民族区域自治这一基本政治制度，体现了中国共产党在治理多民族国家中的制度创新。也正是在这一基础上，中国共产党提出了“两个共同”：共同团结奋斗，共同繁荣发展；“三个离不开”：汉族离不开少数民族，少数民族离不开汉族，各少数民族之间也互相离不开；“四个认同”：对伟大祖国、对中华民族、对中华文化、对中国特色社会主义道路认同；“五个维护”：维护社会主义民主、维护社会主义法制、维护人民群众根本利益、维护祖国统一、维护民族团结。这些政策得到了 56 个民族的赞同、支持和拥护。

无疑，社会主义核心价值观是对中华民族优秀传统文化的继承。事实上，我们还应看到，社会主义核心价值观是对中华民族优秀传统文化的超越和发展。无论从思想内容还是时代高度来看，社会主义核心价值观都远远超越了中华优秀传统文化。一是它体现了传统与现代的统一。这些关键词在传统文化中不同时期有不同的内容和意义，随着社会变迁和时代发展，特别是在社会主义社会，又有更新的内容和阐释。二是它体现了继承与超越的统一。社会主义核心价值观虽然继承了中华民族的优秀传统文化，但不是简单地照抄照搬，而是在原有思想基础上的进一步升华，显示了与时俱进和时代的超越性。三是它体现了民族性与时代性的统一。社会主义核心价值观体现了中国风格和中国气派，具有民族性；同时，它也是在世界发展的大背景下，包括借鉴西方文明成果的背景下而彰显时代性的，因而也是民族性和时代性的统一。

同时，我们也认识到，我们的价值观，是世界文明的组成部分，是对人类“共同价值”的追求和贡献。我们追求的是真正的世界大同。我们不承认凌驾于世界各国的西方“普世价值”。但是，我们认为世界各国人民在追求“真、善、美”的过程中，具有共同价值。中国人民和世界人民心连心、手挽手，追求的是人类“共同价值”，不是西方“普世价值”，这是毋庸置疑的，也是应该说清楚的。

综上所述，我们的核心价值观，是社会主义核心价值观。社会主义核心价值观的确立和践行，既是对资本主义价值观的扬弃和超越，也是社会主义文明的自我发展。

应该说，社会主义文明的自我发展，特别是中国特色社会主义精神文明建设的深入发展，决定了我们的核心价值观必须具有中国风格、中国气派，是具有中国特色的社会主义核心价值观。

我们的核心价值观，是对资本主义价值观的扬弃和超越。既然是扬弃和超越，就无可避免其中有资本主义价值观的要素和影子，例如民主、自由、公正、平等，也用了同样的词汇，但是在本质上已具有根本性的区别。我们的核心价值观，更重要的是具有中国风格、中国气派，是属于中华民族自己的核心价值观。例如和谐、敬业、诚信、友善等，这里面中国的元素占据了主要成分和内容。培育和践行社会主义核心价值观，目前在中国大地上已经形成了全覆盖的一种态势，形成一种中国气派，成为一道风景线。培育和践行社会主义核心价值观，重要的不单单是在形式上造势，而是扎扎实实落实在人们的行动中。正如习近平总书记所说，要使社会主义核心价值观像空气一样，无所不在，无处不有，无时不有。我们将始终坚持培育和践行社会主义核心价值观，成为一种“常态”，潜移默化，润物细无声，于细微处见精神，这也是一种中国风格和中国气派。

我们认为，如果说实现中国梦的实践基础是中国特色社会主义道路，理论基础是中国特色社会主义理论体系，制度基础是中国特色社会主义制度；那么，实现中国梦的主体——中华民族的精神世界，就是社会主义核心价值观。因此，树立和践行社会主义核心价值观，是时代的呼唤，执政党的倡导，民心所向！我们坚定地相信，通过培育和践行社会主义核心价值观，中国将以崭新的面貌屹立于世界的东方，中国人民也将以崭新的风姿屹立于世界民族之林，从而彰显我们的核心价值观的独特魅力！

我们的核心价值观，无愧于伟大的时代。正如 2016 年 5 月 17 日习近平总书记在哲学社会科学工作座谈会上的讲话中所说的：“我们不能辜负了这个时代。自古以来，我国知识分子就有‘为天地立心，为生民立命，为往圣继绝学，为万世开太平’的志向和传统。一切有理想、有抱负的哲学社会科学工作者都应该立时代之潮头、通古今之变化、发思想之先声，积极为党和人民述学立论、建言献策，担负起历史赋予的光荣使命。”而《我们的核心价值观》丛书，就是践行习近平总书记系列讲话精神的一个尝试，如是之。

目录

导论　我们的复兴之路

历史的道路，并非坦途，回望中华民族的历史亦是如此。在五千年的文明史中，中华文明虽历经沧桑，却从未发生过断裂，而是保持了连续性和统一性。“一条浩浩荡荡的长江大河，有时流到很宽阔的境界，平原无际，一泻万里。有时流到很逼狭的境界，两岸丛山叠岭，绝壁断崖，江河流于其间，回环曲折，极其险峻。民族生命的进程，其经历亦复如是。”[①]虽然历经坎坷，中华民族却在艰难中不断前行，生生不息。

1933 年元旦，《东方杂志》刊出了当时中国社会各界 142 位名人讲述的对于中国未来的期许。

时任《生活周刊》主编的邹韬奋说：“我所梦想的‘未来中国’，是个共劳共享的平等的社会。所谓‘共劳’，是人人都须为全体民众所需要的生产做一部分的劳动，不许有不劳而获的人，不许有一部分榨取另一部分劳力结果的人。所谓‘共享’，是人人在物质方面及精神方面有平等的享受机会,不许有劳而不获的人。物质方面指衣食住行及护卫(包括医药卫生)等;精神方面指教育及文化上的种种享乐。政府不是统治人民的,而是为全体大众计划、执行及卫护全国共同生产及公平支配的总机关。"

燕京大学教授郑振铎说:"未来的中国,我以为,将是一个伟大的快乐的国土。因了我们的努力,我们将会把若干年帝国主义者们所给予我们的创痕与血迹,医涤得干干净净。我们将不再见什么帝国主义者们的兵舰与军队在中国内地及海边停留着。我们将建设了一个伟大的社会主义的国家;个人为了群众而生存,群众也为了个人而生存。"

著译家武思茂说:"中国当能自制造机器地方运来大量的机器,以发展中国的轻重工业,且既之以发展农业,更既而把中国固有的富源开发出来。政府是在人民的监管之下,把一切财富适宜地使令全国各地人民平均享受。政府再运用全国财力、人力,使全国电气化,使任何偏僻的地方的工业和农业,都能以电气为原动力。各生产部门的开动,是以人民的需要为前提,而不是以盲目的投机的营利为前提。政府之下有一机关,专门实际办理全国人民的教育事宜、文化事宜。全国各处布满了教育机关、文化机关。全国人民是绝对平等的,每个人均有受教育的机会,每人都有就性之所近继续对某科进行高深研究的机会。因而造成各项专门人才,服务于国家各生产部门。中国的文化情形应该是全国无一人不会读报,无一人不知世界政治和经济变迁的略史及现况,无一人不知自身负着建设人类幸福的伟大使命。”

作家巴金说:“我要努力奋斗,即使奋斗结果,我们依旧不免于灭亡,我们也应该奋斗。即使我们前面就立着坟墓,但在进坟墓以前我们还应该尽我们的力量去做一番事业。奋斗的生活毕竟是最美丽的生活,虽然里面也充满了痛苦。为了惧怕灭亡的命运,为了惧怕痛苦而去选取别的道路,求暂时的安舒的生活,那是懦夫。”

时至今日,这些民国知识分子的期许,已经大多实现。一代又一代中国人前赴后继,怀抱着同样的民族复兴梦从无间断,从“寻梦”到“追梦”,中华民族一直走在路上……

一、雄关漫道真如铁

中华民族历经磨难,自强不息,从未放弃对美好梦想的向往和追求。实现中华民族伟大复兴的中国梦是近代以来中华民族的夙愿。泰戈尔说:“人类的历史是随着它所遭遇的困难而形成的。这些困难给我们提出了问题,要求我们去解决;解决不了,就要受到惩罚:不是死亡,就是衰落。地球上各族人民所遇到的困难互不相同,克服困难的方式方法也不一样。”[②]中华民族每一次所经历的磨难都是对中华民族提出的关于命运的拷问，但是中华民族在不同的历史时期，一直在追问求索，寻求解决之道……回首往事，中华民族的昨天可谓“雄关漫道真如铁”。

（一）曾经的辉煌成就

近代以前的世界文明之中，中华文明是遥遥领先的。在5000年的历史进程中，中国长期处在农业社会，中华文明也因此成为农耕文明的典型代表，代表了农业社会发展的最高水平。春秋时期的中国出现了全世界最早的铁犁、牛耕。中国特有的自然条件、社会经济条件，加上中国人勤劳简朴、吃苦耐劳的精神品格，最终养成了顺应天时、精耕细作的农业生产方式。

近万年来，我国的农业技术取得了辉煌的成就：第一，这样高度发达的生产方式在相当长的时期内解决了人口膨胀与土地资源有限的矛盾，也成就了当时世界最先进的社会生产力，使我国的粮食产量达到了古代世界最高的单产水平。现代科技条件下，世界上平均需5亩地才能养活1口人。我们在100多年前，就达到了用1.65亩耕地养活1口人的水平，这无疑是我国古代农业技术所取得的一个重大成就。第二，驯服了大量野生动物，培育了数以万计的优良品种，从而使得我国成为世界上栽培植物的重要发源地和作物品种资源最富有的国家之一。据国外学者研究，目前世界上栽培植物有1200多种，其中约有200种直接起源于我国。例如大豆、茶、桃、柑橘、荔枝、猕猴桃等均原产于我国，由我们的祖先种植后传往世界。我国的农作物如水稻、小麦、谷子、大豆、大麦等品种资源的丰富程度在世界上也实属少见。第三，开辟了大量肥源，创造了一系列轮作复种方法，使我国的土地利用率达到了世界最高水平。[③]无论是生产工具，还是耕种制度，在当时都是世界首屈一指的。这样的农业发展成就，使得中国在前现代化社会，长期保持了世界领先地位。

早在汉朝，中国便是世界上版图最大、组织系统最完整、政治体系最发达的国家，而且当时的国土面积和人口都超过了鼎盛时期的罗马帝国。2世纪，一场瘟疫使得汉朝逐渐走向分崩离析。6世纪末，隋朝实现了新的统一。此后，唐朝取代隋朝，标志着中国走向了又一个繁荣昌盛的时代。7世纪至9世纪，中国仍是世界上最安定、最文明的国家。汉朝推进了中国的北部疆界，而隋朝和唐朝则向南方扩展自身文明，中国当时拥有和今天差不多的领土，疆域到达中亚地区，越过附属国土耳其部落，最后到达波斯和里海。唐朝则迎来了一个全盛时期，在文化、诗歌、哲学、宗教、艺术作品、手工艺方面都达到了一个新的历史高度。正是在唐朝，中国真正与世界产生交集，从而建立起更多的联系。自此，在西方人心目中，中国成为了富庶、繁荣、稳定的代名词。时至今日，在世界各地都留下了清晰的唐文化符号。全世界只有要华人聚居的地方，几乎都有个共同的名字——唐人街。

宋朝的中国拥有当时世界第一的经济体，人口增长迅猛，从10世纪早期的大约5000万人增至1200年的1.2亿人，生活水平提升也很快。在15世纪、16世纪以前，中国是世界上最发达的国家，同时也是城市化水平最高的国家，城市商路四通八达。18世纪以前，全世界超过百万人口的10个城市中，中国就有8个。据英国经济学家麦迪森推算，汉朝的中国在人均收入水平方面与罗马帝国不相上下。1300—1820年，中国经济受到了从元朝到明朝，再由明朝到清朝之间出现的多次动乱的影响。而这一时期人口的大量增长与生产的增长几乎是同步的。虽然在后来的几个世纪，中国基本与世界隔绝，但直至1820年，中国的总产出仍位居世界第三。[④]

据中国历史学家漆侠的研究，宋朝铁制工具在农业生产中的大规模扩张，意味着11世纪农民家庭对金属的需求达到了每年7万吨；而国家对铁制钱币和武器的需求更大。铜的生产同样非比寻常，997—1070年铜产量从2420吨增长到12982吨，比1800年全世界的铜产量都要高。11世纪，钢的年产量达到了15万吨，这是当时整个欧洲的

5~6倍。活字印刷、造纸术、火药、指南针这四大发明的出现，都证明了中国在技术上的早熟。英国哲学家培根这样讲过，印刷术、火药、指南针，这3种发明曾改变了整个世界事物的面貌和状态，以至没有一个帝国、教派和人物能比这3种发明在人类事业中产生更大的力量和影响。一些资料显示，16世纪以前世界上最重要的300项发明和发现中，我国占173项，远远超过同时代的欧洲。我国在发展历史上长期处于世界领先地位，我国的思想文化、社会制度、经济发展、科学技术以及其他许多方面对周边发挥了重要的辐射和引领作用。

有位西方历史学家曾在其著作里指出，11世纪至18世纪，中国拥有发达的工业经济。而这样的技术领先优势，在18世纪之后逐渐发生了变化。英国著名科学家李约瑟在他的《中国科学技术史》中系统地梳理了中国古代在数学、天学、地学、物理学、化学以及生物学相关技术等诸多方面取得的成就，充分肯定了中华文明在科技、医药等方面对于世界的贡献。这样的研究结论无疑改变了昔日欧洲自认为是世界文化中心的观点。与此同时，他也对于近代中国的日益落后提出深切的追问，这便是著名的"李约瑟之谜"。中国曾经的兴盛，源于经济和科技的发达，但是由盛而衰的原因不仅仅因为科技。

（二）近代的积贫积弱

中华文明在整个人类文明发展进程中独树一帜，但并未因此得到更多的眷顾。“当中国使用铁犁的时候，欧洲还在使用木犁；但是当欧洲使用钢犁的时候，中国还在使用铁犁。”[5]在前现代社会，中国长期处于发达国家行列，而在西方国家日益昌盛之际，中国却闭关锁国，国运日衰，跌入了前所未有的谷底。

丝绸之路的开通，使得中国的瓷器、漆器、丝绸、茶叶等，在欧洲社会大受欢迎。18 世纪初，英国作为当时的“世界工厂”，希望能通过向中国大量倾销商品，来扭转与中国的贸易逆差，然而，几次派遣贸易使团，都无功而返。1917 年，时任英国贸易团团长的阿美士德在回国的路上，拜访了被困在圣赫勒拿岛的拿破仑。他讲述了在中国的经历，认为只有通过战争才能敲开中国的大门。历史后来证明，中国确实是因为战争被动打开国门的。

同为英国人的赫德，后来担任了 40 年的中国海关总税务司司长，他在《中国闻见录》中回答了阿美士德当年的困惑：“中国拥有世界上最好的粮食——米，最好的饮料——茶，以及最好的衣着——棉、丝和皮毛。既有这些大宗物产以及无数的土制副产品，所以他们不需要从别的地方购买一文钱东西。”赫德的说法，其实代表了中国明清两朝皇帝的普遍认识。一直以“中央之国”自居的中国，对于其他国家和外来文明始终保持着审慎、警惕的态度，加上经济的自给自足，很难以开放的态度看待其他国家，曾经的辉煌逐渐成了明日黄花。马克思说，保存旧中国的重要条件，就是与外界完全隔绝，而当这种隔绝的状态被武力打破时，“接踵而来的必然是解体的过程，正如小心地保存在密闭棺材里的木乃伊一接触新鲜空气便必然要解体一样”。[⑥]

近代中国历史命运的转折是从鸦片贸易开始的。鸦片并非中国原有。最早有关鸦片的记载是在明朝成化年间（1465—1487），而当时中国人虽然知道从罂粟壳中提取鸦片，但是主要用于治病。《本草纲目》中对罂粟也早有记载。一些东南亚国家进贡给中国皇帝的“乌香”其实就是鸦片。从 18 世纪 20 年代开始，东印度公司不顾中国的禁烟令，开始向中国贩卖鸦片，此时的鸦片数量并不多。1773 年，在英国政府的支持下，东印度公司获得了向中国出口鸦片的专卖权。1797 年，东印度公司又获得了鸦片制造的垄断权。1800 年，英国确立了对华贩卖鸦片的政策。而在此之前，清廷就明令鸦片贸易为非法贸易。到 19 世纪初，英国成为向中国贩运鸦片的“头号大国”。通过对华的鸦片走私贸易，英国改变了对华贸易出超的局面。[⑦]贩卖鸦片的罪恶罄竹难书。19 世纪英国人蒙哥马利·马丁认为，奴隶贸易比起鸦片贸易来，算是仁慈的，因为鸦片贩子在腐蚀、败坏和毁灭了不幸的罪人的精神存在以后，还杀害了他们的肉体。[8]

1840年，鸦片战争爆发，中华民族自此进入了无边的黑夜。“英国用大炮强迫中国输入名叫鸦片的麻醉剂。满族王朝的声威一遇到英国的枪炮就扫地以尽，天朝帝国万世长存的迷信破了产，野蛮的、闭关自守的、与文明世界隔绝的状态被打破。”[9]鸦片战争之后，大量的白银外流，中国当时的财政、工业和政治结构遭受了极大的破坏。马克思如此描述：“侵蚀到天朝官僚体系之心脏，摧毁了宗法制度之堡垒的腐败作风，就是同鸦片烟箱一起从停泊在黄埔的英国趸船上被偷偷带进这个帝国的。”[10]此时的中国早已失去了昔日盛世繁华的风采，深受鸦片泛滥之害，鸦片使“种以之弱，国以之贫，兵以之窳”。到了1909年，中国吸食鸦片的人数达到了2500万。

晚清学者林纾在《闽中新乐府》中生动地描写了当时鸦片鬼的形象：“生骷髅，生骷髅，眶陷颐缩如猕猴。痰声来，痰声续，黔到指头疲到足。汗渍眉心泪注目，逆气辘轳转心腹。溺泄便溏沾被褥，明明有鬼如钳梏。”这时的中国人从身体到心灵都饱受摧残，中华民族陷入了前所未有的危机。

自鸦片战争始，西方列强借助武力，强迫清政府签订了一系列不平等条约，在割地赔款、强行攫取经济利益的同时，也试图谋求更多政治特权，如领事裁判权、片面最惠国待遇特权、租界特权、建立“国中之国”等。随着这些不平等条约的陆续签订，中国在政治上丧失了完全独立的地位，失去了完整的主权；经济命脉受到帝国主义的控制，在经济上逐步形成了对帝国主义列强的依赖而丧失了自己独立自主的能力。

近代中国逐渐沦为半殖民半封建社会。外国资本的侵入，加速了封建社会的解体，确实促进了资本主义因素的发展，但是封建剥削制度的根基并未改变。此时的中国仍然是一个经济十分落后的农业国，“占农村人口不到10%的地主，占有60%~70%的土地，而占农村人口70%的贫农连同雇农，却没有或只占很少量的土地。无地或少地的农民不得不租种地主的土地，并把自己收获物的四成、五成甚至六成、七成作为地租交给地主”。[11]毛泽东同志说：“中国的广大人民，尤其是农民，日益贫困化以至大批地破产，他们过着饥寒交迫的和毫无政治权利的生活。中国人民的贫困和不自由的程度，是世界所少见的。”[12]近代以后，中华民族遭受的苦难之重、付出的牺牲之大，在世界历史上都是罕见的。但是，中国人民从不屈服，不断奋起抗争，终于掌握了自己的命运，开始了建设自己国家的伟大进程。

（三）中国向何处去

1894年11月，兴中会成立，中国的资产阶级民主革命由此开始。在此后的6年间，兴中会以及后来的同盟会、光复会在多地起义，在全国播撒革命的种子。1911年，辛亥革命的枪声在武昌响起。各地纷纷响应，一个多月内，先后有15个省市宣布独立。中国终于结束了2000多年的封建社会。由于历史进程和社会条件的制约，辛亥革命虽然没有改变旧中国半殖民地半封建的社会性质，没有改变中国人民的悲惨命运，没有完成实现民族独立、人民解放的历史任务，但开创了完全意义上的近代民族民主革命，打开了中国进步的闸门，传播了民主共和理念，极大地推动了中华民族思想的解放，以巨大的震撼力和影响力推动了中国社会的变革。

毫无疑问，辛亥革命是个历史性的进步，也在一定程度上推动了中国民族资本主义的发展，但是民族资本主义在当时的环境下，不可能得到充分发展。“就近代中国产业资本的情况来说，1894年，其总额为8952.6万元。其中外国资本5433.5万元，占60.7%；官僚资本2796.6万元，占31.2%；民族资本722.5万元，仅占8.1%。1913年，产业资本总额为154095.6万元。其中外国资本123709.4万元，占80.3%；官僚资本14887.5万元，占9.7%；民族资本

15495.7 万元，仍只占 10%。据专家估算，1911 年，资产阶级的概数仅为 52630 人。”[13]民族资产阶级人数不多，前身大多是官僚、地主，是带有两重性的阶级。在辛亥革命中，民族资产阶级也充分暴露了自己的软弱性，并没有明确提出反对帝国主义的革命性纲领。虽然辛亥革命推翻了清朝的封建统治，但是依旧没有改变中国半殖民地半封建的社会性质，中国人民的悲惨境遇依旧没有得到改善，依旧没有实现民族的独立和人民的解放。毛泽东同志这样评价道，辛亥革命“有它胜利的地方，也有它失败的地方。你们看，辛亥革命把皇帝赶跑，这不胜利了吗？说它失败，是说辛亥革命只把一个皇帝赶跑，中国仍旧在帝国主义和封建主义的压迫之下，反帝反封建的革命任务并没有完成”。[14]

1919 年，五四运动爆发，从此拉开了新民主主义革命的大幕，无产阶级开始走上历史舞台。“五四运动的杰出的历史意义，在于它带着为辛亥革命还不曾有的姿态，这就是彻底地不妥协地反帝国主义和彻底地不妥协地反封建主义。”[15]1921 年，中国共产党成立。中国共产党成立后，坚持以实现国家独立、民族解放为己任，团结带领人民前赴后继，浴血奋战，顽强拼搏，大胆创新。

一个国家实行什么样的主义，关键要看这个主义能否解决这个国家面临的历史性课题。在中华民族积贫积弱、任人宰割的时期，中国人民尝试过各种主义和思潮，资本主义道路没有走通，改良主义、自由主义、社会达尔文主义、无政府主义、实用主义、民粹主义、工团主义等也都“你方唱罢我登场”，但都没能解决中国的前途和命运问题。终于是马克思列宁主义、毛泽东思想引导中国人民走出了漫漫长夜、建立了新中国，是中国特色社会主义使中国快速发展起来了。

二、人间正道是沧桑

据《拿破仑传》记载，1817 年，英国贸易使团团长阿美士德跟拿破仑讨论中国时说：“中国在表面强大的背后是泥足巨人，很软弱，或许只有战争可以打开中国的大门。”但拿破仑说：“要同这个幅员广大、物产丰富的帝国作战是世上最大的蠢事。开始你们可能会成功，你们会夺取他们的船只，破坏他们的军事和商业设施，但你们也会让他们明白他们自己的力量。他们会思考，他们会建造船只，用火炮把自己装备起来。他们会把炮手从法国、美国甚至伦敦请来，建造一支舰队，把你们打败。”拿破仑认为，中国并不软弱，它只不过是一只睡眠中的狮子。“以今天看来，狮子睡着了连苍蝇都敢落到它的脸上叫几声”。此后，拿破仑便说出了著名的“睡狮论”。拿破仑接着说：“中国一旦被惊醒，世界会为之震动。但是永远不要叫醒它。”

2014年3月27日，习近平主席在中法建交50周年纪念大会的讲话中讲道：“拿破仑说过，中国是一头沉睡的狮子，当这头睡狮醒来时，世界都会为之发抖。中国这头狮子已经醒了，但这是一只和平的、可亲的、文明的狮子。”历史证明，中国在经历了民族危难、战火纷飞、艰辛探索之后，终于走在了自己选择的道路上追求民族复兴的梦想。中华民族的今天，正可谓“人间正道是沧桑”。改革开放以来，我们总结历史经验，不断艰辛探索，终于找到了实现中华民族伟大复兴的正确道路，取得了举世瞩目的成就。这条道路就是中国特色社会主义。

（一）中国特色社会主义不是天上掉下来的

中国特色社会主义不是天上掉下来的，而是党和人民长期实践取得的根本成就。中国特色社会主义是改革开放时期开创的，也是建立在我们党长期奋斗基础上的，是由我们党的几代领导集体团结带领全党全国人民历经千辛万苦、付出各种代价、接力探索取得的，只有这条道路能够成就中华民族伟大复兴的中国梦。

中华人民共和国的成立，使中国人民成为国家、社会和自己命运的主人，实现了中国向人民民主制度的伟大跨越，实现了中国高度统一和各民族空前团结，彻底结束了旧中国半殖民地半封建社会的历史，彻底结束了旧中国一盘散沙的局面，彻底废除了外国列强强加给中国的不平等条约和帝国主义在中国的一切特权。中国人从此站立起来了！中国人民从此把命运牢牢掌握在自己手中！中华民族开启了发展进步的新纪元！这一伟大奋斗历程和成果充分证明了毛泽东同志所说的话："我们中华民族有同自己的敌人血战到底的气概，有在自力更生的基础上光复旧物的决心，有自立于世界民族之林的能力。"⑯

1949 年，新中国成立。毛泽东同志在中国人民政治协商会议开幕式上说："诸位代表先生们，我们有一个共同的感觉，这就是我们的工作将写在人类的历史上，它将表明：占人类总数四分之一的中国人从此站起来了。"⑰

美国学者费正清这样评价新中国的成立："1949 年以来的中国革命，从其牵涉的人数或从其变革的广度和深度来说，是历史上最大的一次。对世界外部地区来说，这也是现代一次最少为外人所知的事件。"⑱

著名历史学家胡绳这样写道："在中国的土地上已经根本改变了旧中国由于帝国主义列强的互相争夺，由于各个军阀、官僚集团的互相争夺，由于国家内部的阶级矛盾和民族矛盾，由于落后的封建经济而产生的四分五裂的状态。新中国的法律和政令普遍实施于全国各地区。国内人民间的团结、各民族间的团结日益加强。这是建立在人民民主基础上的统一，这种统一局面是中国近代历史上从未有过的，甚至是中国历史上从未有过的。”[19]

新中国成立，中国实现了民族独立、人民解放和国家统一。但是在经历了多年战乱之后，百废待兴。当时的中国正如毛泽东当时的概括——“一穷二白”，虽是农业大国，但农业并不发达，工业就更不用提，文盲几乎占全国总人口的一半，可以说是全世界最贫穷的国家之一。而当时的中国共产党人仍然豪情满怀，相信在中国“这张白纸上可以画出最美丽的图画”。

世上没有一帆风顺的事业。1956 年，我国终于完成了社会主义三大改造，社会主义制度从此在中华大地上落地生根。然而，要在一个经济文化相对落后、人口众多的国家进行社会主义建设，没有任何现成的经验可以参考。起初，以毛泽东同志为核心的中国第一代领导集体，对于社会主义建设道路的探索是比较审慎的。当时的中国社会流行着一种看法：“苏联的今天就是我们的明天。”而毛泽东说：“我们可以有几条路前进，几条路比较一下，要选一条比较合理、正确的路线。”[20]在苏共“二十大”召开之后，针对赫鲁晓夫全面否定斯大林带来的思想混乱，中国共产党开始重新思考中国该如何进行社会主义建设的问题。毛泽东同志在《关于无产阶级专政的历史经验》一文中，提出要客观公正地评价斯大林以及苏联模式。他在最后一次修改这篇文章的会议上说：“最重要的是要独立思考，把马列主义的基本原理同中国革命和建设的具体实际相结合。”“我们应该从各方面考虑如何按照中国的情况办事，不要再像过去那样迷信了。其实，我们过去也不是完全迷信，有自己的独创。现在更要努力找到中国建设社会主义的具体道路。”[21]

在后来的实践中，由于党在指导思想上“左”的错误，很多关于社会主义建设的正确思想没有得到贯彻落实，甚至发生了“文化大革命”这样全局性、长时间的严重错误，使我们党在探索社会主义的历程中遭到了严重挫折。尽管探索艰辛坎坷，但是我们党取得的成果是极其宝贵的，为新的历史时期开创中国特色社会主义提供了宝贵经验、理论准备和物质基础。

1978年，粉碎“四人帮”以后，特别是党的十一届三中全会以后，以邓小平同志为核心的党的第二代中央领导集体，重新确立了解放思想、实事求是的思想路线，彻底否定了“以阶级斗争为纲”的错误理论和实践，以巨大的政治勇气和理论勇气做出实行改革开放的重大决策，并明确提出必须搞清楚“什么是社会主义、怎样建设社会主义”这个重大理论和实践问题。

1982年9月1日，邓小平在中国共产党第十二次全国代表大会的开幕词中说：“无论是革命还是建设，都要注意学习和借鉴外国经验。但是,照抄照搬别国经验、别国模式,从来不能得到成功。这方面我们有过不少教训。把马克思主义的普遍真理同我国的具体实际结合起来,走自己的道路,建设有中国特色的社会主义,这就是我国总结长期历史经验得出的基本结论。”这是“中国特色社会主义”的历史命题第一次正式出现在党的文件中。此后,“中国特色社会主义”成为了中国共产党人领导中国人民进行社会主义建设的重要课题。理论是实践的先导,又在实践中得到不断丰富和发展。在新的历史时期,以邓小平为核心的第二代领导集体成功开辟了一条中国式的现代化道路——中国特色社会主义道路。

(二)科学社会主义的“新版本”

中国特色社会主义承载着几代中国共产党人的理想和探索,寄托着无数仁人志士的夙愿和期盼,凝聚着亿万人民的奋斗和牺牲,是近代以来中国社会发展的必然选择,是发展中国、稳定中国的必由之路。中国特色社会主义道路,既坚持以经济建设为中心,又全面推进经济建设、政治建设、文化建设、社会建设、生态文明建设以及其他方面建设;既坚持四项基本原则,又坚持改革开放;既不断解放和发展社会生产力,又逐步实现全体人民的共同富裕、促进人的全面发展。这条道路既不是“传统的”,也不是

“外来的”,更不是“西化的”,而是我们“独创的”,是一条人间正道。只有这条道路能够引领中国进步,实现人民幸福生活的愿望。

中国特色社会主义作为科学社会主义的中国版本,坚持解放思想、实事求是,在新的实践基础上继承前人又突破成规,坚持了科学社会主义理论和实践的基本成果,抓住“什么是社会主义、怎样建设社会主义”这个根本问题,深刻地揭示社会主义的本质,坚持用马克思主义的宽广眼光观察世界,对当今时代特征和总体国际形势,对世界上其他社会主义国家的成败、发展中国家谋求发展的得失、发达国家的态势和矛盾,进行了正确的分析,做出了科学判断,从而形成了新的建设中国特色社会主义理论,实现了马克思主义中国化的第二次历史性飞跃。

科学社会主义学说是马克思和恩格斯在批判19世纪空想社会主义的理论原则的基础上建立起来的。这一理论的基石是唯物史观和剩余价值理论。恩格斯指出,由于唯物史观和剩余价值这两个伟大发现,社会主义变成了科学。

马克思主义的科学社会主义学说可简略归纳为以下几个原理:(1)根据唯物史观和剩余价值原理,无产阶级首先在与资产阶级的对立中解放自己;(2)无产阶级取得国家政权并把生产资料变为国家财产;(3)无产阶级使生产资料摆脱了它们迄今具有的资本属性,使它们的社会性有充分的自由得以实现;(4)按照预定计划进行的社会生产成为可能;(5)随着社会生产的无政府状态的消失,国家的政治权威也将消失,人终于成为自己的社会结构的主人,从而也就成为自然界的主人,成为自身的主人——自由的人。[22]

中国特色社会主义是社会主义而不是其他什么主义,科学社会主义原则不能丢,丢了就不是社会主义。改革开放的总设计师邓小平认为,社会主义有两个根本的原则不能丢:第一,就是大力发展生产力;第二,就是坚持共同富裕。此后,党的历届领导集体始终坚持这两个基本原则,在不断深化对共产党执政规律、社会主义建设规律、人类社会发展规律的认识基础上进行实践探索。党的十八大提出了在新的历史条件下夺取中国特色社会主义新胜利的基本要求,进一步回答了在新的历史征程上怎样才能夺取中国特色社会主义新胜利的基本问题:

第一,解放和发展社会生产力是中国特色社会主义的根本任务,所以必须坚持以经济建设为中心,以科学发展为主题,实现以人为本、全面协调可持续的科学发展。

第二,改革开放是坚持和发展中国特色社会主义的必由之路,所以必须始终把改革创新精神贯彻到治国理政的各个环节,不断推进我国社会主义制度自我完善和发展。

第三，公平正义是中国特色社会主义的内在要求，所以必须在全体人民共同奋斗、经济社会发展的基础上，加紧建设对保障社会公平正义具有重大作用的制度，逐步建立社会公平保障体系。

第四，共同富裕是中国特色社会主义的根本原则，所以必须使发展成果更多更公平地惠及全体人民，朝着共同富裕的方向稳步前进。

第五，和平发展是中国特色社会主义的必然选择，所以必须坚持开放的发展、合作的发展、共赢的发展，扩大同各方利益的汇合点，推动建设持久和平、共同繁荣的和谐世界。

中国特色社会主义，是科学社会主义理论逻辑和中国社会发展历史逻辑的辩证统一，是根植于中国大地、反映中国人民意愿、适应中国和时代发展进步要求的科学社会主义，是全面建成小康社会、加快推进社会主义现代化、实现中华民族伟大复兴的必由之路。

当代中国最大的国情、最大的实际就是我国正处于并将长期处于社会主义初级阶段。这是中国特色社会主义的总依据，也是中国特色社会主义的立论基础。社会主义初级阶段不是泛指任何国家进入社会主义都会经历的起始阶段，而是特指在中国这样生产力落后、商品经济不发达的条件下建设社会主义必然要经历的特定阶段。

邓小平同志多次讲话强调,要坚持社会主义初级阶段的基本路线一百年不动摇。从时间跨度来讲,就是从我国完成社会主义改造、建立社会主义制度的1956年算起,至完成社会主义现代化建设之日终。换言之,就是“两个一百年”的奋斗目标的“第二个一百年”,即大致到新中国成立一百周年时,基本实现社会主义的现代化,也是实现中华民族伟大复兴之日。

而社会主义初级阶段的主要矛盾,仍是人民日益增长的物质文化需要同落后的社会生产之间的矛盾。说到底,社会主义生产的目的就是为了满足人民的需要。这就决定了在社会主义初级阶段必须坚持社会主义初级阶段的基本路线,简称“一个中心,两个基本点”。这是党在1987年十三大时明确提出的,即“领导和团结全国各族人民,以经济建设为中心,坚持四项基本原则,坚持改革开放,自力更生,艰苦创业,为把我国建设成为富强、民主、文明的社会主义现代化国家而奋斗”。党的十七大又一次进行了补充,将奋斗目标补充为“富强、民主、文明、和谐”。中国特色社会主义的总布局也从“四位一体”升级至“五位一体”。

中国特色社会主义是实践、理论、制度紧密结合的,既将成功的实践上升为理论,又以正确的理论指导新的实践,还将实践中已见成效的方针政策及时上升为党和国家的制度。所以，中国特色社会主义的特色表现在其道路、理论体系、制度上，表现在其实现途径、行动指南、根本保障的内在联系上，表现在这三者统一于中国特色社会主义伟大实践上。中国特色社会主义道路，具体来讲，就是在坚持中国共产党的领导下，走科学发展道路、中国特色社会主义市场经济建设道路、中国特色社会主义民主政治发展道路、中国特色社会主义和谐社会道路、中国特色社会主义生态文明建设道路、中国特色社会主义和平发展道路以及党自身的建设道路。中国特色社会主义道路既坚持了科学社会主义的基本原则，又结合了自身的实际情况，是一条具有“中国特色”的社会主义发展道路。

（三）“五位一体”的中国道路

中国特色社会主义是全面发展的社会主义，就是在中国共产党的领导下，坚持以经济建设为中心，在经济不断发展的基础上，协调推进政治建设、经济建设、文化建设、社会建设、生态文明建设以及其他方面建设。“五位一体”的总体布局也是在实践中逐步形成、发展起来的。

1981 年党的十一届六中全会以后，邓小平同志在多次讲话中指出，社会主义建设应该“两手抓”，“一手抓物质文明，一手抓精神文明”。党的十二大报告明确提出建设高度的精神文明，是社会主义应有的基本特征。“两个文明”都建设好，才算是中国特色社会主义。

党的十三届四中全会之后，以江泽民同志为核心的中共第三代中央领导集体又提出了中国特色社会主义经济、政治、文化纲领，形成了经济建设、政治建设、文化建设“三位一体”的总体布局。江泽民同志明确指出，中国特色社会主义政治不能削弱和放弃人民民主专政，必须坚持和完善人民代表大会制度，不能搞西方的议会制度，不能削弱和否定共产党的领导，不能搞西方的多党制。诚然，这是对20世纪90年代中国经济社会发展总布局的新思考，也是对中国共产党执政规律的新认识和新探索。

党的十六大以后，以胡锦涛同志为总书记的党中央对总体布局进行了新的思考和探索。胡锦涛同志在讲话中多次强调，社会和谐是社会主义的本质属性。就中国社会而言，总体是和谐的，但是社会上确实存在一些“不和谐”的因素。2006年，党的十六届六中全会明确将“和谐社会建设”作为中国特色社会主义的一项重要组成部分确定下来。中国特色社会主义的总体布局正式升级为包括经济建设、政治建设、文化建设、社会建设在内的“四位一体”。自此，“社会建设”中包含的民生问题、公共设施建设等问题，都在构建社会主义和谐社会的主题下，得到了大幅度的改善和提升。

2007年，党的十七大把建设生态文明作为实现全面建设小康社会奋斗目标的新要求。而提出生态文明建设的目的,就是要在全社会牢固树立生态文明观念,建设资源节约型和环境友好型社会。2012年,党的十八大提出,大力推进生态文明建设。习近平主席明确指出,建设生态文明,关系人民福祉,关乎民族未来。党的十八大把生态文明建设纳入中国特色社会主义视野的“五位一体”总体布局,明确提出大力推进生态文明建设,努力建设美丽中国,实现中华民族永续发展。这是我们党对社会主义建设规律在实践和认识上不断深化的重要成果。我们要按照这个总布局,促进现代化建设各方面相协调,促进生产关系与生产力、上层建筑与经济基础协调地发展。

三、长风破浪会有时

一路走来,中国人民和中华民族的命运已经发生了根本改变,我们不可逆转地结束了近代以来中国内忧外患、积贫积弱的悲惨命运,不可逆转地开启了中华民族不断发展壮大、走向伟大复兴的历史进程,使具有5000多年文明历史的中华民族以崭新的姿态屹立于世界民族之林。经过鸦片战争以来170多年的持续奋斗,中华民族的复兴展现出光明的前景。

新中国成立60多年以来,特别是改革开放30多年来，我国经济实力、综合国力大幅提升，人民生活显著改善，国际地位空前提升。30 多年来，尽管遇到各种困难，但我们创造了第二次世界大战结束后一个国家经济高速增长持续时间最长的奇迹。我国经济总量在世界上的排名，改革开放之初是第十一；2005 年超过法国，居第五；2006 年超过英国，居第四；2007 年超过德国，居第三；2009 年超过日本，居第二。2010 年，我国制造业规模超过美国，居世界第一。我们用几十年时间走完了发达国家几百年走过的发展历程，创造了世界发展的奇迹。1979 年到 2012 年，国内生产总值年均增长 9.8%，远高于同期世界经济年均 2.8%的增速，经济总量跃居世界第二，成功地实现了从低收入国家向中等偏上收入国家的跨越。这样的发展、这样的巨变，在人类发展史上都是罕见的。

习近平主席说："今天之中国，同新中国成立以前之中国相比，同鸦片战争以后之中国相比，有天壤之别啊！"[23]同欧美一些国家受困于金融危机、债务危机相比，同一些发展中国家陷入发展陷阱相比，同西亚、北非一些国家政治动荡、社会混乱相比，我国的发展可以说是独树一帜的。事实雄辩地证明，中国特色社会主义这条路走得对，走得好。现在，我们比历史上任何时期都更接近中华民族伟大复兴的目标，比历史上任何时期都更有信心、有能力实现这个目标。中华民族的明天，可以说是"长风破浪会有时”。

(一)道路决定命运

于个人而言,似乎是性格决定命运;于国家而言,却是道路决定命运。中国的历史似乎证明了一点,中国的发展注定是“不走寻常路”,她与其他国家的发展模式、步伐节奏都截然不同。过去如是,现在也如是。30多年的高速发展,中国已经向世界证明了中国人选对了道路,改变了曾经“落后就要挨打”的命运,过上了不再“挨饿”的生活。

据统计,1950年中国国内生产总值不及当时世界总量的5%,而到了2010年,中国经济总量超越了日本,成为世界第二大经济实体。如今的中国,已经跃居世界农产品生产第一大国,农业增加值第一大国;世界第一大制成品出口国,世界第一制造业增加值的国家;世界上拥有亿吨港口最多的国家,世界上拥有高速铁路里程最长的国家。目前,中国仍在建设世界最长的大容量、高效率、跨区域特高压输电网,水电装机和风电并网均为世界第一。人口的受教育程度大幅提升。1956年中国受过高等教育的人口只有几十万,而在2011年已经突破1.2亿;1956年全国从事科技工作的专业人员不到100万人,现在已达到5800万人。现在中国的发明专利申请量已居世界第二位,国际发明专利申请量居世界第四位,在国际学术刊物上发表论文数量居世界第二位，科学论文被引用次数跃居世界第六位，研究和试验经费支出居世界第二位。[24]可以说，经过了几十年的辛勤建设，今日的中国发生了翻天覆地的变化，取得了令世界瞩目的发展成就。

另外，有一组数据可以更直观地展现中国的变化，在中国的“三步走”发展战略中，经常提及 GDP（国内生产总值）翻番，且这样的目标也都在中国逐渐实现了。而在英美的发展历史中，GDP 翻番的事情均只发生过一次，英国花了 48 年，美国花了 58 年，当时他们的人口分别是 4000 万和 6000 万。中国改革开放 30 多年来的人口规模已经达到了 10 亿级，而 GDP 平均每 10 年翻一次，一共翻了 3 番，从 1979 年的 4062.6 万亿元到 2012 年的 519470 万亿元，33 年增长了 100 多倍。

一些国外经济学家将近 30 年中国的超常增长称为“中国奇迹”。在他们看来，中国的发展充满了不可思议，中国走了一条看似“不合理”却管用的发展道路。依靠西方经济学理论，他们没有办法解释在中国发生的奇迹，所以不少西方经济学家提出了“中国之谜”的说法。诺贝尔经济学奖得主布坎南则这样诠释他心目中的“中国之谜”：“看上去不合理，可是管用。”美国著名的经济学家弗里德曼曾打趣地说：“只要能够给中国的经济改革提供可行性方案，他就有能力获得，或者他该获得诺贝尔经济学奖。”

国家统计局的数据显示，1978—2011 年，我国 GDP 平均增长率为9.98%，人均 GDP 增长率为 8.80%。

除此之外，“中国奇迹”还体现在，在改革开放的 30 多年中，中国经济的周期性波动也显著低于其他国家。道路改变命运，这一次中国改变命运的秘诀就在于走了一条适合中国国情的发展道路，她既不是资本主义的现代化道路，也不同于其他“亚洲四小龙”的现代化模式，而是具有鲜明“中国特色”的社会主义现代化道路。

实践证明，中国特色社会主义是发展中国、稳定中国的必由之路，是实现我国社会主义现代化的必由之路，是创造人民美好生活的必由之路，是实现中华民族伟大复兴的必由之路。

（二）实现中国梦必须走中国道路

实现中国梦必须走中国道路，这就是中国特色社会主义道路。这条道路来之不易，它是在改革开放 30 多年的伟大实践中走出来的，是在中华人民共和国成立 60 多年的持续探索中走出来的，是在对近代以来 170 多年中华民族发展历程的深刻总结中走出来的，是在对中华民族 5000 多年悠久文明的传承中走出来的，具有深厚的历史渊源和广泛的现实基础。中华民族是具有非凡创造力的民族，我们的民族创造了伟大的中华文明，我们也能够继续拓展和走好适合中国国情的发展道路。

历史和现实都告诉我们，只有社会主义才能救中国，只有中国特色社会主义才能发展中国，这是历史的结论、人民的选择。新中国成立60多年来，正是由于中国共产党领导中国人民选择和坚持了社会主义制度，选择和坚持了中国特色社会主义道路，中国才逐渐摆脱封闭、贫穷和落后，走上富强、民主、文明、和谐的富民强国道路。“中国经验”“中国模式”所取得的举世瞩目的成就足以证明，中国特色社会主义道路是历史的结论、人民的选择。

人民创造历史。离开广大人民的参与和支持，任何道路都不可能取得成功。社会主义的本质决定了中国特色社会主义道路是一条与最广大人民群众的利益密切相连的道路，是一条实现人民幸福美好生活的道路。改革开放30多年来，人民群众以社会主义国家主人翁的精神和姿态参与其中，建设社会主义国家，共享社会主义改革成果，奠定了中国特色社会主义道路的群众基础。回到封闭保守的老路，人民不会答应；走向改旗易帜的邪路，人民不会允许。只有在中国特色社会主义道路的共同基础上，中国共产党才能汇聚人民共识，团结人民精神，凝聚人民力量，一路同行，共创美好未来。

自1921年中国共产党成立时起，中国共产党就肩负着实现中华民族伟大复兴的历史使命，所以由中国共产党领导的中国特色社会主义建设的总任务就是实现中华民族的伟大复兴。我们党领导人民进行革命、建设、改革，就是要让中国人民富裕起来，国家强盛起来，中华民族得以振兴。按照现代化建设“三步走”的战略部署，建设富强、民主、文明、和谐的社会主义现代化国家，是我们党和国家在整个社会主义初级阶段的奋斗目标。我们党的庄严使命、改革开放的根本目的、我们国家的奋斗目标，都聚焦于这个总任务，归结于这个总任务。

早在新中国成立前夕，毛泽东同志就告诫我们：“夺取全国胜利，这只是万里长征走完了第一步。”新中国成立后，经过艰苦摸索和曲折实践，我们开启了改革开放的新时代，迈上了建设中国特色社会主义的新长征之路。

中国特色社会主义道路，体现了人民意愿，符合历史发展要求，反映了社会发展趋势，是一条实现民族伟大复兴、国家富强民主和谐、人民富裕幸福的道路。坚定中国特色社会主义道路，就是要在充分认识历史、深刻把握现实的基础上，不卑不亢，不骄不躁，踏踏实实投入中国特色社会主义建设事业中，为中华民族伟大复兴梦和中国人民的富裕幸福梦贡献智慧和力量。

改革开放以来，在中国共产党领导下，全国各族人民团结一心、艰苦奋斗，我国改革开放和社会主义现代化事业加速发展，人民生活得到根本改善，我国社会主义制度得到极大巩固和发展，我们迎来了中华民族实现伟大复兴的美好前景。

（三）中国梦是历史的、现实的，也是未来的

美国学者保罗·肯尼迪在《大国的兴衰》序言中写道："如果中国有机会在21世纪成为最后的大国，那就不仅仅是一种'崛起'，而且是一种'复兴'。中国与英国和美国不同，它是一个历史悠久的国家，曾经有过多次的沉沦与复兴。中国最近的一次沉沦不过是19世纪的事。中国最近一轮的复兴，也不是21世纪才提上议事日程，而是过去一个世纪艰苦卓绝努力的延续。"确实，"复兴"才是中华民族努力奋斗的目标。这个梦想，凝聚了几代中国人的夙愿，体现了中华民族和中国人民的整体利益，是每一个中华儿女的共同期盼。中国梦凝结着无数仁人志士的不懈努力，承载着全体中华儿女的共同向往，昭示着国家富强、民族振兴、人民幸福的美好前景。

中华民族，具有5000多年绵延不绝的文明历史，为人类文明进步做出了不可磨灭的贡献。但是，由于封建制度的腐朽没落，中国在近代被世界快速发展的浪潮甩在了后面。鸦片战争以后，在西方列强坚船利炮的轰击下，中国危机四起，人民苦难深重，陷入半殖民地半封建社会的黑暗深渊。

实现中华民族伟大复兴始终是近代以来中国人民最伟大的梦想。无数志士仁人前仆后继、不懈探索，寻找救国救民的道路，却在很长时间内都抱憾而终。太平天国运动、戊戌变法、义和团运动、辛亥革命接连而起，但农民起义、君主立宪、资产阶级共和制等救国方案都相继失败了。战乱频发，民生凋敝，丧权辱国，成了旧中国长期无法消除的病痨。中华民族是一个有志气的民族。为了探求救亡图存的正确道路，中国的先进分子带领中国人民始终坚持在苦难和挫折中求索，在风雨飘摇中前进，敢于挽狂澜于既倒，扶大厦于将倾，表现出了百折不挠的英雄气概。

1921 年中国共产党的成立，使中国人民有了前进的主心骨。然而，在一个半殖民地半封建的东方大国进行革命，面对的特殊国情是农民占人口的绝大多数，落后分散的小农经济、小生产及其社会影响根深蒂固，又遭受着西方列强的侵略和压迫，经济文化十分落后，选择一条什么样的道路才能把中国革命引向胜利成为首要问题，也是马克思主义发展史上前所未有的难题。经过 28 年浴血奋战和顽强奋斗，我们党和人民历经千辛万苦，付出巨大牺牲，在战胜日本军国主义侵略者后，经过人民解放战争，以摧枯拉朽之势推翻了帝国主义、封建主义、官僚资本主义的统治，夺取了新民主主义革命的胜利，实现了几代中国人梦寐以求的民族独立和人民解放。

新中国成立后，以毛泽东同志为核心的党的第一代中央领导集体带领人民，在迅速医治战争创伤、恢复国民经济的基础上，不失时机地提出了过渡时期总路线，创造性地完成了由新民主主义革命向社会主义革命的转变，使中国这个占世界1/4人口的东方大国进入了社会主义社会，成功实现了中国历史上最深刻最伟大的社会变革。新民主主义革命的胜利，社会主义基本制度的确立，为当代中国一切发展进步奠定了根本政治前提和制度基础。社会主义基本制度确立以后，如何在中国建设社会主义，是党面临的崭新课题。经过30年社会主义建设的艰辛探索，中国开始了改革开放，我们逐渐走上了一条具有“中国特色”的社会主义现代化道路。经过30多年的改革开放，中国取得了举世瞩目的成就。现在，中国人民正在为实现“两个一百年”奋斗目标、实现中华民族的伟大复兴中国梦而奋斗。

目前是我国进入全面建成小康社会的决定性阶段，实现这个目标是实现中华民族伟大复兴中国梦的关键一步，而改革开放是决定当代中国命运的关键一招，也是决定实现“两个一百年”的奋斗目标、实现中华民族伟大复兴的关键一招。中国特色社会主义之所以具有蓬勃生命力，就在于它是实行改革开放的社会主义。我国过去30多年的快速发展靠的是改革开放，我国未来发展也必须坚定不移地

2012 年 11 月 29 日，习近平总书记率领十八届党中央领导集体来到中国国家博物馆参观“复兴之路”基本陈列，并提出中华民族伟大复兴的中国梦。中国梦关乎中国未来的发展方向，凝聚了中国人民对中华民族伟大复兴的憧憬和期待；它是整个中华民族不断追求的梦想，是亿万人民世代相传的夙愿。每个中国人都是中国梦的参与者、创造者

依靠改革开放。只有改革开放，才能发展中国，发展社会主义，发展马克思主义。中国特色社会主义在改革开放中产生，也必将在改革开放中发展壮大。

中国梦是历史的、现在的，也是未来的。我们党领导的革命、建设、改革的伟大实践，是一个连续奋斗的历史过程，是一项救国、兴国、强国，进而实现中华民族伟大复兴的完整事业。中国已经确定了“两个一百年”的奋斗目标，

开启了实现中华民族伟大复兴中国梦的新征程。实现中华民族伟大复兴的中国梦，是海内外中华儿女的共同愿景，也将为世界各国人民带来更多利益和机遇。

中国梦既是国家的梦，也是民族的梦、每一个中国人的梦。中国梦意味着中国人民和中华民族的价值体认和价值追求，意味着全面建成小康社会、实现中华民族伟大复兴，意味着每一个人都能在为中国梦的奋斗中实现自己的梦想，意味着中华民族团结奋斗的最大公约数，意味着中华民族为人类和平与发展做出更大贡献的真诚意愿。

注释

①李大钊.艰难的国运与雄健的国民.李大钊全集：第四卷[M].北京：人民出版社，2006：375—376.

②[印]泰戈尔.民族主义[M].谭仁侠，译.北京：商务印书馆，2012：1.

③中国农业博物馆农史研究室，编.中国古代农业科技史图说[M].北京：农业出版社，1989：4—5.

④[英]安格斯·麦迪森.世界经济千年史[M].伍晓鹰，许宪春，叶燕斐，施发启，译.北京：北京大学出版社，2003：7.

⑤林毅夫.中国经济专题[M].2版.北京：北京大学出版社，2012：70.

⑥⑧⑨[德]马克思,恩格斯.马克思恩格斯论中国[M].北京:人民出版社,1997:2—3,61—62.

⑦朱英.中国近代史十五讲[M].北京:北京大学出版社,2011:1—6.

⑩[德]马克思,恩格斯.马克思恩格斯选集:第1卷[M].北京:人民出版社,1995:717.

⑪⑬沙健孙.二十世纪中国的历史道路——兼评若干社会思潮[M].北京:中国社会出版社,2009:7—8,20.

⑫⑭⑮⑰毛泽东.毛泽东选集:第2卷[M].北京:人民出版社,1991:343,564,631,699—700.

⑯毛泽东.毛泽东选集:第1卷[M].北京:人民出版社,1991:156.

⑱[美]费正清.美国与中国[M].北京:商务印书馆,1987:259.

⑲胡绳.中国共产党的七十年[M].北京:中共党史出版社,1991:644.

⑳薄一波.若干重大决策和事件的回顾:上卷[M].修订版.北京:中国党史出版社,1991:540.

㉑金冲及.二十世纪中国史纲:第三卷[M].北京:社会科学文献出版社,2009:848.

㉒赵智奎.中国特色社会主义[M].北京:北京时代华文书局,2015:21—22.

㉓习近平.发展中国稳定中国的必由之路——关于坚持和发展中国特色社会主义[N].人民日报,2014-07-02(14).

㉔胡鞍钢.中国之路:人民共和国的现代化之路[M].北京:北京联合出版公司,中信出版集团有限公司.2014:20—21.

第一章　国强民富是社会主义追求的价值目标

2017年春运期间旅客发送量达到29.81亿人次。其中铁路发送旅客3.57亿人次，相对于没有高铁的时代，我国铁路的运力提高了近1亿人次。曾经被称为“一部漫长史诗”的春运，不再是买票难，出行难，乘车环境的脏、乱、差，而是遍布全国的高铁线路以及由其带来的舒适、便捷的乘车体验。据统计，截至2016年年底，全国铁路里程达12.4万公里，高铁运营线路超过2.2万公里，高铁以不到1/6的铁路里程，承担了约一半的运量。我国用了短短7年时间，完成了对日本、德国、法国等高铁技术强国的追赶，成为世界上高铁里程最长的国家。目前，我国高铁里程占世界高铁总里程的60%以上。可以说，铁路能够衡量一个国家工业文明发展的程度，铁路发展的沉浮背后是国力的兴衰。

2010年，中国南车股份有限公司与美国通用公司签署协议准备在美国成立合资公司，由中国南车输出高铁技术到合资公司，然后竞标美国高铁项目。所以，时任美国商务部部长骆家辉不禁感慨地说："100 年前，中国向美国输出的是铁路劳工，100 年后中国向美国输出的却是铁路技术。"的确，100 年前的中国，一方面向美国输出铁路劳工，另一方面本国的路权却成为了帝国主义列强攫取在华利益的重要手段。

恩格斯曾经预言："中国的铁路意味着中国小农经济和家庭工业的整个基础的破坏。由于那里甚至没有中国的大工业来予以平衡，亿万居民将陷于无法生存的境地。"[①]当时积贫积弱的中国修建铁路确实没有给中国带来福祉。帝国主义列强为了扩张自己在中国的势力范围而修建的铁路，也具有半殖民地半封建社会的特点，各个帝国主义国家根据自己的利益和意愿来制定的铁路工程标准和设备规格并不一致，所以全国始终没有形成一个完整而统一的铁路系统，并且增加了新中国建立后铁路运输改造工程的难度。

第二次鸦片战争后，英国政府在原则上确定了将修建铁路作为开辟中国市场的重要手段之一。自此各个帝国主义列强争相加紧在中国修建铁路，"中国境内的铁路，绝大部分由外国资本经营，由中国自主经营的，1894 年为 21.1%，1911 年为 6.7%"。[②]铁路成为列强瓜分中国，以谋求自身经济发展的重要战略。甲午战争之后，帝国主义列强争先恐后地攫取中国的铁路权益。他们相互争夺，却经常向中国索偿，拿中国的利益作为相互交换的筹码，进行肮脏的交易，肆意践踏中国主权。有人说，帝国主义列强在中国修建铁路是造福中国的事情。但是，我们不能忽略的事实是，帝国主义列强在中国修建铁路的真实目的是服从于他们的政治、军事需要的。帝国主义在标榜"裨益贸易"的同时，又强迫中国接受他们的借贷资本，而中国一旦贷了款，修了铁路，便陷入身不由己、无能为力的局面。在没有摆脱帝国主义控制之下修建铁路，损害的是中国人民的切身利益。

自19世纪70年代始，中国人民开始发动抵制帝国主义列强修建铁路的运动，捍卫自己的路权。进入20世纪之后，全国陆续开展的诸多形式的爱国运动中，挽回路权、力争被剥夺的铁路权益都成了斗争的焦点所在。1904年，川汉铁路公司在成都成立；第二年，其改为官商合办；1907年，改为商办有限公司，采取"田亩加赋"，抽收"租股"为主的集股方式，自办川汉铁路。1911年，清政府宣布"铁路干线国有政策"。政策规定，在1911年之前，所有集股商办的干线，必须由国家收回，并且强行收回川汉、粤汉铁路的修筑权。这一举措，激起了湖南、湖北、广东、四川多省人民的反对，其中四川的保路运动尤为激烈。"成都血案"发生之后，四川的保路运动从立宪派的文明争路发展成同盟会领导的武装斗争。清廷派湖北新军前去镇压,造成了武昌的空虚,为武昌起义奠定了基础。所以,这次声势浩大、规模壮阔的四川保路运动,成为了推翻清王朝统治的辛亥革命的序曲。

1978 年 10 月 22 日,邓小平同志访问日本期间,乘坐了日本的新干线。身边的工作人员问他:“您乘新干线以后有什么想法?”邓小平说:“我就感觉快,有催人跑的意思,我们现在正合适坐这样的车。”当时,日本新干线的最高运营时速是 220 公里,当时中国旅客列车的平均运营时速仅为 43 公里。

以京沪为例,1954 年,从北京到上海坐火车约需要 36 小时 39 分钟。1990 年,从北京到上海坐火车最快也要 20 个小时左右,而同一时期,以法国 TGV(高速列车)大西洋线的运营速度在京沪两地完成全程,不到 5 个小时。2015 年,从北京南站到上海虹桥站,乘坐最快的高铁需要耗时 4 小时 50 分钟左右,而这是在高铁降速之后的时长。京沪高铁设计时速为 350 公里,但是开通初期按照时速 300 公里运营;而设计时速 300 公里的高速铁路在开通初期按照时速 250 公里运营。这也是根据《铁路安全管理条例》实施的。

从世界范围来看,高铁肇始于日本,发展于欧洲,但是真正改变高铁命运的是中国。1964 年,日本东海道新干线的投入运营,宣告了高速铁路的诞生。而法国的高铁系统也让世界为之惊叹,并逐渐在西班牙、韩国、英国、美国等国家得以运用。随后,德国高铁技术崛起,使得高铁走进了更多欧洲国家。如今,中国高铁总里程数居于世界首位,占全世界高铁总里程的一半以上,而且高铁在中国真正成了一种大众交通工具,中国的高铁票价低于航空票价,这在世界上是绝无仅有的。

往事不堪回首。曾经的中国铁路是帝国主义列强攫取在华利益的重要手段,沾满了中国人民抗争的血泪,而如今的高铁成为中国的名片、中国的荣耀。今时不同往昔,巨大的变迁背后是中国国力的强盛。

历史是最好的老师,它忠实地记录下每一个国家走过的足迹。近代以来中国人民所遭遇的苦难世间罕见,这使得中国人民对于战争有着刻骨铭心的记忆,也使得中国人民更期盼和平、安定、富足的生活。

在中国人的思想观念中,富强追求的是国家的强盛、人民的富裕,而并非恃强凌弱,穷兵黩武。但是,西方国家一直秉持另一种与中国完全不同的富强观。所以,面对中国的实力不断增强,有些人开始担心,也有一些人总是戴着有色眼镜看中国,认为中国发展起来了必然是一种"威胁",甚至把中国描绘成一个可怕的墨菲斯托,似乎哪一天中国就要摄取世界的灵魂。尽管这种论调像天方夜谭一样，但遗憾的是，一些人对此乐此不疲。这只能再次证明一条真理：偏见往往最难消除。一些西方国家对中国的偏见可以说是根深蒂固，原因就在于他们以自身的发展逻辑来预判中国。但是，他们忽略了一个重要的事实：中国有着与他们完全不同的历史发展轨迹。加上中华文明中爱好和平的基因传承，中国在漫长的历史长河中最终形成了与西方国家截然不同的富强观。

一、西方的富强观

习惯上，我们将代表资本主义世界心脏地带的西欧国家称作“西方国家”。随着西方国家的崛起，西方文明日益强势。仔细分析起来，这种西方崛起的背后所遵循的逻辑就是西方的富强观。只是西方的富强观总体上谈不上多文明，与中国的富强观不同，他们更看重经济、军事实力等硬实力，待积蓄足够的硬实力之后，便会通过殖民、掠夺等手段，走上实现霸权的发展道路。这一过程几乎都是遵循国强必霸的发展逻辑。

（一）国强必霸

十四五世纪意大利的一些城市，就是资本主义的萌芽之地，后来又发展到荷兰和英国。“资本、更加丰富的商品、航海船只和武器,这些都是商业扩张、地理发现与征服异邦的条件。"[③]十字军东征、新航线的开辟都成了欧洲君主攫取财富的重要渠道。马基雅维利在《君主论》中直言:"一个组织完善的政府,国家应当富有,臣民则应当贫穷。"虽然这样的观点并非西方国家的主流观点,但是为了满足贪婪的君主,对外殖民扩张便成了理所应当的手段。

16世纪起,欧洲开始了对美洲的殖民和掠夺。对于殖民者而言,他们的动力源自对黄金的疯狂热爱。墨西哥的征服者赫尔南·科特斯承认:"我们西班牙人人都受着一种心病的折磨,这种病只有黄金才能治愈。"[④]克·哥伦布说:"谁有了黄金,谁就可以在这个世界上为所欲为;有了黄金,甚至可以使灵魂上天堂……随着美洲金银的流入和生产的发展,欧洲的商业推进了。随着美洲实行强迫劳动(特别是食糖生产中)及由于欧洲通货膨胀而使实际工资的下降,产生了额外的剩余。随着英国圈地运动的开启,一支由流浪汉和孤苦无依的乞丐构成的劳动力队伍形成了。商业和银行业的资产阶级积聚了力量。继威尼斯和佛罗伦萨之后,安特卫普、伦敦、里昂发展了起来,各城市人口超过了5万,甚至10万。"[⑤]

如此一来,资本主义发展的雏形初具规模。"各国银行业商业资产阶级有了自行支配的巨大财产和银行及金融机构网；各民族国家有了可用于征服和统治的工具；人世间的观念都看重财产和富有。”[6]16世纪，西班牙成为西方第一强国。此后的17世纪，资产阶级兴起，资本主义生产方式逐渐在欧洲各国确立。

法国依靠重商主义和君主专制，建立起制造业和殖民资本主义，在17世纪中叶到18世纪中叶，取代了西班牙，成为了欧洲霸主。法国政治家柯尔培尔说：“商业是财政之源，财政是战争支柱。”这一句话代表了17世纪欧洲国家的发展思路。而通过战争，霸权也在这些国家之间传递。1789年，法国大革命爆发，此后法国国力渐衰。直到1815年，英国击败拿破仑。1850年，工业革命开始，英国的国力日渐充实。依靠其自身强大的军事力量，英国开始向全世界输出产品，扩张版图，随即引发了欧洲的军备竞赛，瓜分巴尔干，抢夺非洲，直至1914年第一次世界大战爆发。[7]而在经历了两次世界大战之后，“日不落帝国”也进入衰落期。

19世纪末到“一战”期间，美国国内整顿经济秩序，国外扩张经济势力，奠定大业基础。经历了南北战争之后，美国的工业化才算正式起步，进入了如马克·吐温所说的“镀金时代”，通过扩张领土创造出的市场、资源、人口条件，实现了经济起飞。[8]1945年，“二战”结束，美国正式接棒英国，成为世界霸主。

(二)西方崛起靠霸权

对于西方的崛起,不同时代的西方学者都发表过自己的阐释,比如靠的是民主制度、自由贸易、先进文化等说法。马克思曾经直言不讳地指出:“资本主义来到人间,从头到脚每个毛孔都滴着血和肮脏的东西。”他认为,这些崛起的资本主义国家,在国内依靠的是资本剥削劳动,在国外靠的是赤裸裸的殖民统治。英国学者约翰·霍布森同样认为,西方的崛起一是靠暴力掠夺,二是靠剥削奴役,三是靠殖民统治。这样的崛起依靠甚至炫耀武力的征服,通过武力的征服来达到占领他国领土、奴役他国人民的目的。在人类从封建主义到资本主义的发展过程中,西方国家陆续实现了自己的崛起。

自从哥伦布发现新大陆,世界便进入了殖民时代。梵蒂冈给葡萄牙和西班牙在全球划分的势力范围,就是“教皇子午线”。自此,西方国家瓜分世界的先河被开启了。16世纪西方第一强国西班牙,在从封建社会过渡到现代社会的百年中,是最早实现霸权的国家。此后,是法国登台,直至1815年拿破仑遭遇滑铁卢。随后,英国开启了自己的霸业,成为“日不落帝国”。无论是经济实力,还是军事实力,英国在当时均是首屈一指的。然而,在经历了两次世界大战之后,英国世界霸主的地位旁落给了美国。时至今日，美国依然是世界第一的超级大国。

从1519年西班牙取得神圣罗马地位开始，到1945年第二次世界大战结束，这几百年来西方大国相继崛起，似乎遵循的逻辑就是“称霸”。而霸权更替的过程中，伴随的不仅是意识形态上的变迁，还有战争。加拿大学者梁鹤年就此作出了自己的阐释：“每一种霸权代表一个意识形态：在政治层面上包括封建制度、绝对君权、君主立宪，在经济层面上包括庄园经济、重商主义、资本主义。在西方文化中，凡意识形态必自视为唯一真，有先天性的‘霸’气。因此，改朝换代怎能不打？英与美的霸权交替没有打是因为他们意识形态相同。美国更可以说是青出于蓝，也可称之为变本加厉。无怪崇美者称美国的政治与经济模式是历史的终点。”⑨可以说，美国仍是欧洲文明的产物，作为超级大国的美国今天仍然在利用自己资金、技术、军事实力的优势维护着自己的霸权。美国正是拥有这样的“霸权”，如今才会对中国的崛起如此警惕，因为其认为中美关系存在“修昔底德陷阱”。

“修昔底德陷阱”是由美国学者格雷厄姆·艾利森提出的，指一个新崛起的大国必然要挑战现存大国，而现存大国必然会回应这种威胁，所以，一个正在崛起的国家与既有的统治霸主之间必然会爆发战争。这是由修昔底德在《伯罗奔尼撒战争史》中的一段话演变而来的，故以其名字命名。而这样的观点遵循的依然是“国强必霸”的逻辑。

美国的现代化道路也依然是在对外扩张和战争的基础上发展起来的。时至今日,美国仍依赖于一个寄生的国际经济体系,其重要手段就是美元在国际金融体系中的霸权地位。众所周知,自1971年后,美国就停止了各国用美元兑换黄金的举措。时至今日,美国政府之所以能够长期承受巨额的贸易赤字,用很低的利率举新债,主要原因就是不少亚洲国家仍然愿意大量持有美元作为储蓄货币。而2008年金融危机的爆发,也暴露出依靠美元霸权维系的表面繁荣背后隐藏的深层危机。这似乎也向全世界预示着,美国的霸权并非不可撼动。因为历史上所有的霸权都不是恒久不变的。

二、中国不同时期的富强观

纵观中国历史可以发现,不同的历史时期有不同的富强观。中国自古就是农业大国,农业生产往往决定着一个朝代的兴衰。“仓廪实而知礼节,衣食足而知荣辱。”所以,历朝儒生大多认为应该藏富于民,才能实现国富民安。而中国历史中也有诸侯并起、纷争不断的时期,比如战国、三国时期。在这样的历史时期,占主流的观点往往是支持“霸道”的居多,认为依靠武力征服必须“国富兵强”。但是，也有极其特殊的时期，比如宋朝。从世界范围来看，宋朝的经济在当时处于世界前列，但是国家富裕并不能保证拥有和平的发展环境。宋朝政权的分裂，充分证明如果国富而兵不强，没有御敌于门外的能力，就会受制于人。孙中山先生曾说："世界潮流，浩浩荡荡，顺之者昌，逆之者亡。"的确，国家的强盛和民族的进步，都要尊重历史的发展规律，顺应潮流，这是实现国家富强的前提。

（一）国富兵强

中华民族是一个饱经忧患的民族，历朝历代都试图从前朝失败的教训中总结经验，实现自身的安定富庶。《周易》中写道："安而不忘危，存而不忘亡，治而不忘乱。"抱着这样的观点发展兵力，大多是为了保卫自己，而并非希望通过武力征伐。比如《管子·形势解》有云："主之所以功者，富强也。故国富兵强，则诸侯服其政，邻敌畏其威。"儒家思想家荀子认为，"威有三：有道德之威者，有暴察之威者，有狂妄之威者"。而长久以来，"暴察之威"和"狂妄之威"并没有被看作谋求国家富强的依靠途径。中国文化传统"崇德"，所以主流的观点是主张依靠"道德之威"来实现国家富强。

近代以来，中国闭关锁国，积贫积弱，最终也没能逃脱被欺侮的命运。一些有识之士开始认识到"落后就要挨打”的道理，于是奔走呼吁，中国要学习西方的先进技术，“师夷长技以制夷”，走强兵之路。魏源就曾说：“尽转外国之长技，为中国之长技，富国强兵。”中国人在痛定思痛之后，深切领悟了“落后就要挨打”的教训。

20世纪初，随着民族危机的加重，中国也逐渐养成“尚武”精神，军国民主义思想兴起。1900年八国联军侵华，沙俄趁机出兵侵占我国东北，到1903年又拒不按约撤军，拒俄运动兴起。与此同时，各地纷纷集会，组织军国民教育会。这时的中国人逐渐意识到依靠维新变法、重商救国并不能从根本上挽救民族的危亡之势，只有“民智尚武”才能抵御外敌侵略。当时的《东方杂志》就曾刊登《论尚武精神》一文，文中道：“盖民质者，国家之要素，社会之基础，兴亡之根源，而国家所赖以成立也。民质能尚武，则其国强，强则存；民质不尚武，则其国弱，弱则亡。英、法、德、美何以强？强于民质之尚武也。”军国民教育思潮的兴起，并非是崇尚军国主义思想，而是自强自卫的措施，其中也包含着激发爱国主义、增强国民体质的积极意义。可以说，这种“强国先强种”的思想意识在当时极为常见，对后世也有一定影响。1917年，毛泽东在《新青年》上公开发表了《体育之研究》，文中便提出了那句脍炙人口的“野蛮其体魄，文明其精神”。

纵观近代中国历史可以发现，即使在民族危亡之际，中国人都并不认可采取武力手段的侵略是实现国家富强的正当手段。尤其是在第一次世界大战爆发之后，中国一些先进的知识分子在海外看到了资本主义国家在战后的民生凋敝，生灵涂炭，认为“先霸后强”的国家富强观实在是“多行不义”之举，毫无可取之处。

毛泽东同志后来在《论人民民主专政》一文中就曾表露了这样的观点：

> 自从一八四〇年鸦片战争失败那时起，先进的中国人，经过千辛万苦，向西方国家寻找真理。洪秀全、康有为、严复和孙中山，代表了在中国共产党出世以前向西方寻找真理的一派人物。那时，求进步的中国人，只要是西方的新道理，什么书也看。向日本、英国、美国、法国、德国派遣留学生之多，达到了惊人的程度。国内废科举，兴学校，好像雨后春笋，努力学习西方。我自己在青年时期，学的也是这些东西。这些是西方资产阶级民主主义的文化，即所谓新学，包括那时的社会学说和自然科学，和中国封建主义的文化即所谓旧学是对立的。学了这些新学的人们，在很长的时期内产生了一种信心，认为这些很可以救中国，除了旧学派，新学派自己表示怀疑的很少。要救国，只有维新，要维新，只有学外国。那时的外国只有西

方资本主义国家是进步的，它们成功地建设了资产阶级的现代国家。日本人向西方学习有成效，中国人也想向日本人学。在那时的中国人看来，俄国是落后的，很少人想学俄国。这就是十九世纪四十年代至二十世纪初期中国人学习外国的情形。

帝国主义的侵略打破了中国人学西方的迷梦。很奇怪，为什么先生老是侵略学生呢？中国人向西方学得很不少，但是行不通，理想总是不能实现。多次奋斗，包括辛亥革命那样全国规模的运动，都失败了。国家的情况一天一天坏，环境迫使人们活不下去。怀疑产生了，增长了，发展了。第一次世界大战震动了全世界。俄国人举行了十月革命，创立了世界上第一个社会主义国家。过去蕴藏在地下为外国人所看不见的伟大的俄国无产阶级和劳动人民的革命精力，在列宁、斯大林领导之下，像火山一样突然爆发出来了，中国人和全人类对俄国人都另眼相看了。这时，也只是在这时，中国人从思想到生活，才出现了一个崭新的时期。中国人找到了马克思列宁主义这个放之四海而皆准的普遍真理，中国的面目就起了变化了。

的确，中国人想不通“为什么先生老是侵略学生”，我们对西方的依靠武力实现“霸道”的富强观并不认同，这也是中国文化传统的因素使然。两种不同的“富强观”，实际上也是两种世界观、两种社会制度的较量，最终中国并没有选择侵略别人、壮大自己的发展道路，在走上社会主义道路之后，自然也不会重复西方“国强必霸”的老路。

如今中国的硬实力和积贫积弱的旧中国不可同日而语，无论是国家的经济实力，还是军事实力，均已大大增强。但是，这不代表中国就天然得到安全的护佑。和平是乞求不来的，这是近代中华民族用经历的磨难换来的血和

随着我国经济的不断增长，国防力量也得到了长足发展。如今我国军队现代化建设取得了巨大进展，为维护我国和平、稳定的发展局面和安全的周边环境起到了极大的作用。图为辽宁舰

泪的教训。“打铁还需自身强。”中国不走国强必霸、穷兵黩武的道路，不代表中国不需要强大的国防。要实现中华民族的伟大复兴，就需要实现富国和强军相统一。中华民族的“强国梦”中包含着“强军梦”，“强军梦”支撑着“强国梦”。有着强大的经济实力，不代表天然具有强大的国防。经济社会越是发展，国家安全的需求就越是迫切。当今的时代主题虽然是和平与发展，但是当前的国际体系也进入了加速演变和深刻调整的时期。世界军事领域的发展变化，是与世界政治、经济等领域的发展变化遥相呼应的。国家安全问题也日趋复杂多变，我国面临的生存安全问题和发展安全问题、传统安全威胁和非传统安全威胁相互交织，这就要求国防和军队现代化建设有一个大的发展。建设与我国国际地位相称、与国家安全和发展利益相适应的国防和军队，是我国现代化建设的战略任务。我国必须坚持以国家核心安全需求为导向，统筹经济建设和国防建设的发展。

“富强梦”不能只有富没有强，国富而兵不强，也免不了受制于人。国家的富裕需要安全的护佑，没有强大的国防，就不可能建成小康社会，就不可能有完整意义上的中华民族的伟大复兴。

（二）国强民富

中国自古以来就是一个农业大国，中国社会一直都有重农抑商的传统。自给自足的农业经济是历朝历代得以延续政权的根基，因此中国社会必然会形成重视农业生产的思想传统。基于这样的认识，中国古代就有藏富于民的富强观。

《盐铁论·力耕》写道："衣食者民之本，稼穑者民之务也，二者修则国富而民安也。"《吴越春秋·勾践归国外传》也有"民富国强，众安道泰"的记载。国家的富强和人民的富裕同时兼备，才能达到"众安道泰"的境界。而农业作为国民经济的基础，百姓的衣食之源、生存之本，自然也是实现国家富强的首要问题，"思富国便民之事，莫若端本，尊以农事"。而历代明君要实现国家富庶、四海升平的目标，就必须处理好民富、国强、德政三者之间的关系。《资治通鉴》说："欲富国者务广其地，欲强兵者务富其民，欲王者务博其德。三资者备，而王随之矣。"而"广施德政"并不是强取豪夺，追逐武力，开疆拓土。所以，长久以来，中国的"富强观"并非单一地将强大的军事实力作为衡量国家富强的标准，本质上，实现国富民安才是中国传统富强观的核心。

近代以来，国强民富仍是中国发展的最终目标。晚清思想家郑观应说："欲强国先富国，欲富国先富民。"这句话阐述了富民、富国、强国的递进关系。只是当时的知识分子发现在帝国主义列强的政治上控制、经济上盘剥之下，实现富民也并非易事。如果不能将帝国主义列强从我们的土地上赶走，我们就不可能主宰自己的命运，国强民富更是无从谈及。“弱国无强兵”“落后就要挨打”的教训十分深刻，所以在取得了国家独立、民族解放之后，中国人念念不忘的就是大力发展国防事业，希望拥有强大的国防来保卫家园。中国追求“兵强”，是将其看作实现“国强民富”的途径和手段，而并非最终目标。时至今日，这种传统的“富强观”仍是我国发展的重要理念。中国的“富强之路”就是走社会主义道路。中国只有依靠社会主义制度，才能最终实现共同富裕。历史证明，中国特色社会主义是一条符合中国国情的富民强国的正确道路，我们将坚定不移地沿着这条道路走下去。

20世纪70年代末实行改革开放以后，中国就制定并实施了“三步走”的现代化发展战略。实现国家现代化和人民共同富裕是中国和平发展的总体目标。所以，“三步走”的核心任务就是，提高人民的物质文化生活水平，实现富民与强国的统一。[10]第一步，实现国民生产总值比1980年翻一番，解决人民的温饱问题。第二步，到20世纪末实现国民生产总值再翻一番，人民生活达到小康水平。前两步目标我国均已实现。第三步，到本世纪中叶，中华人民共和国成立100周年时，人均国民生产总值达到中等发达国家水平，人民生活比较富裕，基本实现现代化，建成富强、民主、文明、和谐的社会主义现代化国家。

当前我国正处在全面建成小康社会的决胜阶段，这也关系“十三五”规划的实现。近期目标就是到2020年，全面建成惠及十几亿人口的更高水平的小康社会，使中国成为工业化基本实现、综合国力显著提高、国内市场总体规模位居世界前列的国家，成为人民富裕程度普遍提高、生活质量明显改善、生态环境良好的国家，成为人民享有更加充分的民主权利、具有更高文明素质和精神追求的国家，成为各方面制度更加完善、社会更加充满活力而又安定团结的国家，成为对外更加开放、更加具有亲和力的国家，为人类文明做出更大的贡献。

（三）国强不必霸

中华民族历来是爱好和平的民族。中华文化崇尚和谐，中国“和”文化源远流长，蕴含着天人合一的宇宙观、协和万邦的国际观、和而不同的社会观、人心和善的道德观。在5000多年的文明发展中，中华民族一直追求和传承着和平、和睦、和谐的坚定理念。以和为贵，以人为善，“己所不欲，勿施于人”等理念在中国代代相传，深深植根于中国人的精神中，深深体现在中国人的行为上。如明朝郑和下西洋时，船队装备精良，但并无丝毫侵犯他国之意，而是在沿途将丝绸、瓷器等赠送他国。

中国人民崇尚“己所不欲，勿施于人”，所以中国不认同“国强必霸论”，中国人的血脉中没有称王称霸、穷兵黩武的基因。中国自古倡导“强不执弱，富不侮贫”，深知“国虽大，好战必亡”的道理。

新中国自成立以后，在外交上也一直秉承这样的观念。1953 年，周恩来总理在会见来访的印度代表团时，提出了“和平共处五项原则”。“和平共处五项原则”的内容就是互相尊重主权和领土完整、互不侵犯、互不干涉内政、平等互利、和平共处。1955 年4 月，周恩来在万隆会议上发表了著名的《关于促进世界和平与合作的宣言》，宣言提出的十项国际关系原则包括了和平共处五项原则的全部内容。

多年来，无论是何种外交场合，中国都在积极主张建立以和平共处五项原则为准则的国际政治经济新秩序。时至今日，中国一直都是和平共处五项原则的积极倡导者和忠诚奉行者。在这样的外交传承下，中国必将坚定不移地沿着和平发展的道路走下去，这对中国有利，对亚洲有利，对世界也有利，任何力量都不能动摇中国和平发展的信念。中国坚定维护自身的主权、安全、发展利益，也支持其他国家特别是广大发展中国家维护自身的主权、安全、发展利益。中国坚持不干涉别国内政的原则，不会把自己的意志强加于人，即使再强大，也永远不称霸。

中国走和平发展道路是中国政府和人民继承中华文化的优秀传统，根据时代发展潮流和中国根本利益做出的战略抉择，是中国发展的内在需要。[11]这些年，随着中国的快速发展，国际上有些人担心中国会走“国强必霸”的路子，一些人提出了“中国威胁论”。有这种看法的人大多数是由于认知上的误读，当然也有少数人是出于各种根深蒂固的偏见。

近代以来，外敌入侵、内部战乱曾给中国人民带来巨大灾难。中国人民深知和平的宝贵，绝不会放弃维护和平的决心和愿望，绝不会把自身曾经遭遇的苦难强加于他人。中国繁荣昌盛是趋势所在，但国强必霸不是历史定律。如今，中国已经发展起来了，但是我们不认可“国强必霸”的逻辑。我们有这样的底气，中华民族被外族任意欺凌的时代已经一去不复返了！如今，中国的国际地位不断提高、国际影响力不断扩大，这是中国人民用自己的百年奋斗赢得的尊敬。

纵观历史，任何国家试图通过武力实现自己的发展目标，最终都是要失败的。中华民族深信只有和平才能实现人民安居乐业，只有发展才能实现人民丰衣足食，把为国家发展营造和平稳定的国际环境作为对外工作的中心任务。中国将毫不动摇地坚持独立自主的和平外交政策，坚持走和平发展的道路，坚持互利共赢的开放战略，秉持正确的义利观，推动建立以合作共赢为核心的新型国际关系，积极为世界和平与发展做出自己应有的贡献，绝不搞侵略扩张，永远不争霸、不称霸，始终做维护世界和平、促进共同发展的坚定力量。

三、社会主义的富强观

2015年10月，习近平总书记曾指出："中国是世界上最大的发展中国家，一直是世界减贫事业的积极倡导者和有力推动者。经过中国政府、社会各界、贫困地区广大干部群众共同努力以及国际社会积极帮助，中国6亿多人口摆脱贫困。2015年，联合国千年发展目标在中国基本实现。中国是全球最早实现千年发展目标中减贫目标的发展中国家，为全球减贫事业做出了重大贡献。"[12]联合国开发计划署曾这样盛赞：如果没有中国的进步，整个世界在减贫方面从总体上说是倒退了。美国《赫芬顿邮报》如此评论："如果我们能从中国的努力中汲取经验，在全球创造另一个中国奇迹，那么甚至可以说，我们将永远带领人类走出贫困。"

改革开放30多年来，我国人民生活水平总体上发生了很大变化。同时，由于我国还处在社会主义初级阶段，还有为数不少的困难群众。尽管我国已成为世界第二大经济体，人均GDP（国内生产总值）进入中等偏高收入国家行列，但由于发展不平衡，全国贫困人口规模仍然很大，贫困问题仍然十分突出。

经过多年的努力，我国的扶贫工作全面推进，被专家称为“原生态贫困”（即大多处在交通不便、信息闭塞的边远山区，自然条件差，经济发展滞后）的地区逐步减少。各地在加大投入，加大对贫困地区“输血”的同时，注重增强扶贫对象的自我发展能力，增强“造血”能力。扶贫政策不断完善，扶贫方式日趋丰富。

《中国农村扶贫开发纲要（2001—2010年）》实施之初，全国共确定15万个贫困村，要全面改善这些贫困地区的生产、生活条件。2011年，中央决定将农民人均纯收入2300元（2010年不变价）作为新的国家扶贫标准，这个标准比2009年提高了92%。按照新标准，我国农村贫困人口将从2688万人增加到1.28亿人，占农村户籍人口的13.4%。这意味着我国将更加努力服务于贫困人口，贫困人群将会更多地从经济增长中受益。

2011年公布的《中国农村扶贫开发纲要（2011—2020年）》提出，连片特困地区是新时期扶贫开发的主战场。其提出的目标是，到2020年，我国要稳定实现扶贫对象不愁吃、不愁穿，保障其义务教育、基本医疗和住房。同时，贫困地区农民人均纯收入增长幅度高于全国平均水平，基本公共服务主要领域指标接近全国平均水平，扭转发展差距扩大的趋势。2016年，扶贫攻坚力度继续加大，农村贫困人口减少1240万人。

十八大以来，党和政府想方设法改变贫困地区物质财富匮乏的客观情况。同时，兼顾推动贫困地区或贫困人员精神状态的实质性提高，并取得了明显效果。习近平总书记在26次国内考察中，有15次涉及扶贫开发，有7次直接将扶贫开发作为主要内容，将志气扶贫、智力扶贫和精准扶贫作为当前我国扶贫工作的系统工程来抓。

第一，扶贫先要扶志，要从思想上淡化“贫困意识”。很多贫困户之所以贫困，物质缺乏是一个方面，但更多的是没有志气，把贫穷当作了一种“习惯”，缺乏勤劳实干的精神。

第二，智力扶贫。教育是拔穷根，阻止贫困代际传递的重要途径。习近平总书记指出：“扶贫必扶智。让贫困地区的孩子们接受良好教育，是扶贫开发的重要任务，也是阻断贫困代际传递的重要途径。”[13]近年来，我国逐年加大农村教育投入，仅2014年中央财政就投入500亿元专项资金，全面改善贫困地区义务教育薄弱学校的基本办学条件，智力扶贫得到强力推进。

第三，精准扶贫，开花结果。2013年11月3日，习近平总书记来到十八洞村调研，走进苗寨，与苗族同胞促膝谈心，首次提出了“实事求是、因地制宜、分类指导、精准扶贫”十六字方针。随后，花垣县县委扶贫工作队进驻该村，开展精准扶贫。2014 年 3 月 8 日，十八洞村确定了五大产业：劳务经济；特色种植业，重点发展猕猴桃、野生蔬菜、冬桃、油茶等种植；特色养殖业，如养湘西黄牛、养猪和稻田养鱼；苗绣；旅游服务业。历时两年多，十八洞村气象一新，已成为全国精准扶贫的典型。

2014 年 3 月，习近平总书记参加两会代表团审议时强调要实施精准扶贫。2015 年 6 月，习近平在贵州就加大推进扶贫开发工作又全面阐述“精准扶贫”概念，提出“六个精准”（即扶贫对象精准、项目安排精准、资金使用精准、措施到户精准、因村派人精准、脱贫成效精准），桩桩件件落到实处，推动脱贫攻坚、开花结果。

2015 年 11 月 23 日，中共中央政治局审议通过的《中共中央国务院关于打赢脱贫攻坚战的决定》明确要求各级党委和政府必须把扶贫开发工作作为重大政治任务来抓，提出到 2020 年完成 7000 万左右贫困人口脱贫，完全或部分丧失劳动能力的 2000 多万人口全部纳入农村低保制度覆盖范围等。2015 年 11 月 29 日，《中共中央国务院关于打赢脱贫攻坚战的决定》正式发布。这份长达万余言的重要文件，对未来五年的脱贫攻坚工作做出全面部署，并要求各级党委政府层层签订脱贫攻坚责任书，立下“军令状”。面对最后五年的冲刺时刻，党中央提出：到 2020 年确保我国现行标准下的农村贫困人口实现脱贫，贫困县全部摘帽，解决区域性整体贫困。

习总书记说：“全面建成小康社会，最艰巨最繁重的任务在农村，特别是在贫困地区。没有农村的小康，特别是没有贫困地区的小康，就没有全面建成小康社会。”[14]因为消除贫困、改善民生、实现共同富裕，是社会主义的本质要求。

（一）社会主义的富强观

社会主义的富强观，追求的目标是实现国家的繁荣富强，人民的共同富裕。社会主义的本质就是要解放生产力，发展生产力，消灭剥削，消除两极分化，最终实现共同富裕。党的十八大报告也强调指出，共同富裕是中国特色社会主义的根本原则。要坚持社会主义基本经济制度和分配制度，调整国民收入分配格局，加大再分配调节力度，着力解决收入分配差距较大问题，使发展成果更多更公平地惠及全体人民，朝着共同富裕方向稳步前进。实现好、维护好、发展好最广大人民的根本利益是党和国家一切工作的出发点和落脚点。实现共同富裕不仅是全面建成小康社会的价值追求，而且是实现中华民族伟大复兴中国梦的必然要求。

社会主义的发展就是为了人民，为了人民过上更加富足安定的生活。如果社会主义国家解决不了民生问题，无法实现共同富裕，那么社会主义制度的优越性就无从体现。在这方面，历史的教训犹在眼前。苏联是世界上第一个社会主义国家。曾几何时，中国人民时常挂在嘴边的一句口号就是“苏联的今天，就是我们的明天”。然而，这座社会主义大厦在 1991 年轰然坍塌，举世震惊。1992 年 8 月，一位四川商人用几车皮罐头换来了 4 架苏联飞机，由此成为中国改革开放历程中的一个商业神话。这个“神话”之所以能够实现，重要原因就是，当时苏联基本的民生问题并没有解决好，这才导致食品、轻工业产品等人民生活必需品的极度匮乏。众所周知，苏联拥有强大的军工业，从继承了其大部分军力的俄罗斯就可见一斑。然而，强大的军事实力不能解决人民生活的实际困难，民生问题搞不好，就会失去民心。苏共解散导致了第一张多米诺骨牌倒塌，生活物资匮乏，人心涣散，社会生活失序，多米诺骨牌的连锁反应最终发生。作为社会主义国家，我们应该引以为戒，国家只有硬实力的强大，并不必然会给人民带来福祉。

中国特色社会主义是亿万人民的事业，需要坚持人民的主体地位，尊重人民群众的首创精神，同时做到发展为了人民、发展依靠人民、发展成果由人民共享。人民群众是社会主义发展的主体，也应是国家发展的最大受益者。在实现国家富强的过程中，逐步实现共同富裕，促进人的全面发展，这是社会主义的价值导向和根本原则。

（二）共享：中国特色社会主义的本质要求

1992年，邓小平在南方谈话中提出了衡量党和国家一切工作是非的判断标准就是“三个有利于”，即是否有利于发展社会主义社会的生产力，是否有利于增强社会主义国

当前，中国居民生活水平显著提高，进入一个以购房、购车等为主要内容的消费时期，人民的生活水平正在向小康社会的宏伟目标迈进。图为山东德州齐河县农村进城务工人员赵文元和他3岁的儿子在擦洗自家购买的轿车

家的综合国力,是否有利于提高人民的生活水平。我们制定的政策,首先要看人民拥护不拥护、赞成不赞成、答应不答应。改革开放30多年,我们取得了举世瞩目的成就,人民的物质生活得到了大幅的提升。而如今人民对美好生活的向往,也不再只限于物质层面,还包括精神层面的满足。如何使人民共享改革发展的成果,让人民群众有更多的获得感,为人民群众提供更全面、更人性化的公共服务,是全面建成小康社会的关键,也是当前摆在党和国家面前的新课题。

党的十八届五中全会提出,共享是中国特色社会主义的本质要求,必须坚持发展为了人民、发展依靠人民、发展成果由人民共享,做出更有效的制度安排,使全体人民在共建共享发展中有更多获得感,增强发展动力,增进人民团结,朝着共同富裕的方向稳步前进。按照人人参与、人人尽力、人人享有的要求,坚守底线、突出重点、完善制度、引导预期,注重机会公平,保障基本民生,实现全体人民共同迈入全面小康社会。具体来讲,在如下几个方面做出了部署:增加公共服务供给;实施脱贫攻坚工程;提高教育质量;促进就业创业;缩小收入差距;建立更加公平、更加可持续的社会保障制度;推进健康中国建设,促进人口均衡发展。

(三)社会主义核心价值观中的富强

从国家层面看,社会主义核心价值观中的富强是中国特色社会主义经济领域的目标。实现经济的富强,不仅是几代中国共产党人的不懈追求,而且是中国人民和中华民族的共同愿望,更是由我国的基本国情决定的。我国仍处于并将长期处于社会主义初级阶段,人口多,底子薄,生产力水平落后。没有经济的发展,国家的富强就无从实现。要实现国家繁荣富强、人民共同富裕,就必须坚持以经济建设为中心大力发展生产力,发展仍是解决我国所有问题的关键。只有推动经济持续健康发展,才能筑牢国家繁荣富强、人民幸福安康、社会和谐稳定的物质基础。所以,必须坚持发展才是硬道理的战略思想,决不能有丝毫动摇。富强之所以居于国家层面的首位,是因为实现经济的富强,是实现民主、文明、和谐的前提条件。

社会主义的富强观,就是实现国家繁荣富强,人民共同富裕。社会主义核心价值观中的富强是实现民主的前提条件。实现国家的富强是社会主义民主的重要物质基础。当国家没有能力维护自身的主权时,人民是不可能真正行使民主权利的。"足寒伤心,民寒伤国。"没有国家的繁荣富强,国家就不能给人民提供安定和平的生活环境,人民就不会对这样的社会制度有信心。如果连基本的生存需要都满足不了,一切政治权利的实现就无从谈起。没有人民的共同富裕,两极分化必然导致社会资源的分配不均,民主就无法真正实现,社会主义民主也就没有可能超越资本主义民主了。邓小平同志曾说:“没有民主,就没有社会主义,就没有社会主义的现代化。”[15]在社会主义市场经济条件下,如果没有民主,就会导致权力寻租、权钱交易的增加,收入差距会进一步扩大,共同富裕也就不可能实现。

富强与文明也是相辅相成、相互促进的。没有经济上的富强,就没有文明可言。富强是文明的前提,正如物质文明是精神文明的基础一样。然而,并不是所有的富强都是文明的。一些西方国家的“富强之路”依靠的是技术的垄断、殖民的统治,所以这样的富强谈不上文明。一个大国,如果只有富强的实现,也肯定谈不上崛起。富强的实现是大国崛起的先决条件,没有富强的实现,多灿烂的文明也不会令人尊重。近代中国的命运就是如此,有了国家的富强,才有强大的国力去守护自己民族的文明。而在实现国家富强之后,没有文明就没有什么软实力,也就压根称不上是大国,在其他国家眼里,就只是“暴发户”“世界工厂”的角色。

富强是和谐的根本保证。和谐的基本范畴包括人与人、人与社会、人与自然的和谐。没有国家的富强,就没有能力给人民提供和谐稳定的外部环境。经济上的贫瘠，往往导致人与人、人与社会的不和谐。世界上以海盗闻名的索马里，即是如此。没有充足的物质生活条件，人们就只能按照丛林法则来生存，人与人之间的关系也就不可能和谐。此外，经济上的富强也是实现人与自然和谐相处的前提条件。人与自然的矛盾，也可能进一步引发社会矛盾的发生，关键是要看国家是否有足够的物质条件来化解矛盾。如果一个富裕的国度发生资源短缺、环境危机，往往可以通过资金、技术的手段加以解决。而如果这一切发生在一个贫穷落后的国家，那么可能出现的则是整个社会的失序和动荡。

注释

①[德]马克思，恩格斯.马克思恩格斯全集：第38卷[M].北京：人民出版社，1974：467.

②沙健孙.二十世纪中国的历史道路——兼评若干社会思潮[M].北京：中国社会科学出版社，2009：6.

③④⑤⑥[法]米歇尔·博德.资本主义史1500—1980[M].吴艾美，译.北京：东方出版社，1986：5，11，15.

⑦⑧⑨[加]梁鹤年.西方文明的文化基因[M].北京：读书·生活·新知三联书店，2014：307—314，486—489.

⑩⑪中华人民共和国国务院新闻办公室.中国的和平

发展(2011 年 9 月)[M].北京:人民出版社,2011:9,29.

⑫习近平.携手消除贫困　促进共同发展——在 2015 减贫与发展高层论坛上的主旨演讲[N].人民日报,2015-10-17(02).

⑬习近平.习近平给“国培计划(2014)”北京师范大学贵州研修班参训教师回信.人民日报[N],2015-09-10(01).

⑭习近平.习近平谈治国理政[M].北京:外文出版社,189—190.

⑮邓小平.邓小平文选:第 2 卷[M].北京:人民出版社,1994:168.

第二章　人民民主是社会主义的生命所系

早前，两份世界性的报刊对于中国做出了两份截然相反的排名。一份是英国《经济学人》的“民主指数”排名，中国名列137位；另一份是《美国新闻与世界报道》的“世界最好国家”排名，中国名列17位。[①]两份报刊，对中国是天壤之别的评价，恐怕并非是中国的问题，而是民主评价的标准出了问题。拿西方民主的形式作为衡量标准，显然未必客观。

中国人到底想要什么样的民主呢？作为一个有着独特历史文化传统的国家，中国人对于民主也有着自己的理解。2011年，有学者就针对这一问题，在全国范围展开了调查。[②]从得出的结论中可以大致勾勒出“中国人心中的民主”的轮廓。

第一，德治优先于法治。道德贯穿于整个政治之中，大致上有两个主要的方面：一方面是在政治制度的安排和政府的决策上，首先要符合道德的要求；另一方面是担任领导的人要以德为先。中国人所希望的民主仍是一种寄希望于人的民主，信赖人超过信赖制度。这显然与中国的文化传统有着密切关系。

第二，解决反腐败和群众监督政府问题优先于保障公民权利和自由。调查的结果发现，当前在中国人希望通过民主解决哪些问题的清单上，排在第一位的是“反腐败”。这跟西方民主清单里排在前列的竞争性选举、保护公民自由和权利有很大差别。

第三，重视实质和内容优先于重视形式和程序。中国人执着于重视内容、重视实质对错，轻视形式、轻视程序的思维方式，从 1988 年的调查到 2011 年的调查，经过 20 多年并没有多少变化。这是中国文化与西方文化在对待民主时的又一个差异性表现。另外，实质的对错是用道德伦理去评判的，程序的对错是用法律和制度去衡量的。所以，重内容、重实质，轻视程序，跟前面讨论的德治和人治优先于法治和制度，在文化这个层面是相通的。

第四，协商优先于表决。中国人对民主的另一个要求，即喜欢和谐，由此导致中国人喜欢协商的民主，而不是把问题放到大庭广众面前，争论得脸红脖子粗，最后用投票一锤定音。这种投票表决是竞争式民主、表决式民主，是西方的民主。中国人喜欢协商民主的原因可能有三点：(1)中国文化欣赏在同心同德、一心一意的条件下做事情。

无论什么事，无论有多少人，做一件事情都要统一思想、统一认识。倘若存在不同意见，便仿佛有点不光彩似的。而统一思想、统一认识，只有在协商的情况下才做得到，靠投票表决是做不到的。(2)中国文化比较重视面子。即使有分歧，也不大愿意拿到桌面上来争论，而是通过协商化解分歧，然后再来走个表决的程序，百分之百通过，大家都有面子。因此，协商的民主，比较符合中国文化追求和谐的特征。(3)先争论再表决，最后的结果好像是表决取胜的人赢了，打败了在表决中失利的人。这也是中国文化不愿看到的情形。我们经常看到的情形是，即使在表决中能够取胜，只有 20% 或者 30% 的反对票，但也要尽量“做工作”，通过协商和说服，尽量减少反对票，争取 100%通过的结果。这样比较符合中国文化所欣赏的大团圆局面。

第五，中国要的是自己的民主，而不是外国的民主。改革开放以来，中国在民主建设中面临的最大问题就是要不要走西方民主的道路。而中国人想要的民主跟美国的民主不是完全一样的，就是说，中国不能照抄照搬美国的民主。现在的中国人跟改革开放之初已经不同了。那个时候国门刚刚打开，许多人对美国民主充满热情，认为美国民主哪个方面都好，中国建设民主就是要学美国。当时这样的人可能要多一些，现在情况已经发生了变化。打开国门的时间一长，中国人在逐渐找回自我。

社区民众通过民主方式自主管理社区内部事务，保障社区民众的民主权利和合法权益，成为基层落实人民民主的一种新形式。图为江苏省南通市虹桥街道社区群众就社区内部事务进行举牌表决

民主是人类社会进步中的重要文明成果之一，既是世界各国人民的共同追求，也是中国共产党在领导中国人民革命、建设、改革和发展的过程中始终不渝的奋斗目标。经过长期的实践探索，中国人终于走出了一条适合中国国情、保证人民当家做主的社会主义民主政治道路。人民当家做主是社会主义民主的本质和核心，党的领导是人民当家做主和依法治国的根本保证，而依法治国是党领导人民

治理国家的基本方略。三者的有机统一，构成了中国特色社会主义民主政治。而"民主"作为社会主义核心价值观中的国家层面的目标之一，民主政治建设也是中国特色社会主义建设的应有之义。

一、民主的发展演变

世界由诸多事物构成，但世界也是过程的集合体。因为事物总是作为过程而向前发展的，民主亦是如此。自亚里士多德将"民主"定义为"多数人的统治"算起，"民主"一词约有2500年的历史。在这个长期的社会历史发展中，"民主"不仅经历了内涵的变化，也在形式和程序上发生了诸多的变化。不同的经济基础、社会制度、文化传统孕育出民主的形态自然也不尽相同。在民主成长的过程中，总是伴随着各种问题出现，而问题是时代的口号。民主始终应是历史和现实、理论和实践、形式和内容的有机统一。所以，民主不是装饰品，不是用来作摆设的，而是要用来解决人民要解决的问题的。这才是民主的真谛。

（一）"民主"的含义

一般说来，"民主"有两个层次的含义：一是国家形态的民主，即指"人民的统治"；二是社会生活的民主。作为社会生活的民主，它是社会生活中遵循的一种精神和原则，包括平等、自由、服从多数、尊重个人、协调社会关系等内容。第一种含义是“民主”的本义，而第二种更强调“民主”的运行环境和原则，即坚持信息公开，少数服从多数等。在某些日常语境中，“民主”就是指经过公开的投票程序，坚持少数服从多数的原则。

“民主”对应的英文为“democracy”，其含义就是“统治归于人民”或“人民主权”。换言之，“由全体人民（而不是他们选出的代表）平等地、无差别地参与国家决策和进行国家管理，这是民主最原始、最简单的含义”。③

众所周知，“民主”起源于希腊。有证据表明，希俄斯岛早在公元前575年至公元前550年就出现了公民的议会和大会，大概是世界上第一个采取民主政体的地方。当时的“民主”仍是采取直接参与的形式，而真正行使权力也是“人民”中的少数人。表面上看，希腊当时的民主是名副其实的“民主”，但是，当时的“人民”的范畴局限在“公民”，“公民”只是城邦里的少数人。只有年满20岁的雅典男子才可能具有公民资格，妇女没有公民资格，男性奴隶和外邦人也都不具备公民资格。“据估算，在不同时期，公民的数量介于3万至6万。那么，同期雅典的总人口是多少呢？估计在30万至50万。在雅典全盛时代，据测算，享有充分权利的公民总数约有4万人，他们的妻儿约有5

万人。此外，还有 4 万外邦人以及 35 万左右奴隶。”[4]由此可见，公民的数量大约占总人口的 1/10。

这种小国寡民的民主虽然往往被后世所称道，但是在“希腊三杰”眼中，“民主”并不是“好东西”。他们认为，雅典的“民主”实际是种群氓政治，是另一形式的暴政。苏格拉底认为，“民众没有什么善的知识”，所以他不赞同由这些“无知的人”来行使权力。而“苏格拉底之死”也正是由这种“多数人的暴政”决定的。柏拉图将政体分为五种类型，而民主制只是优于暴君制。因为在柏拉图看来，民主制度是一种“无政府状态的花哨的管理形式”。而亚里士多德认为民主制是一种由穷人控制政府的体系，而且虽然都是多数人统治的政体类型，民主制的参与动机都是为了一己之私，而共和制是为了公众利益。所以，这一时期讨论的“民主”其实是种政体类型。

《西方大观念》一书中写道：“民主独特的要素显然是基于这一事实——尽管历经变迁，民主的基本含义仍然保持不变。其含义在于，政治权力掌握在多数人手中，而不是掌握在少数人或某个人手中。”[5]作为国家形态，要保证政治权力不落入少数人或某个人手中，就需要法治来保障。所以，对于一个国家而言，民主和法治也是相生相伴、缺一不可的。而西方国家以自己的经验，推之得出的结论就是，民主必须宪政。

罗伯特·达尔强调了民主的三个方面内容:(1)通过制度化的、自由和公平的选举来进行的有组织的竞争;(2)所有成年人在事实上拥有投票和竞选公职的权利;(3)出版、集会、言论、请愿和结社的自由。后来,罗伯特·达尔又将他的民主定义扩展为八个标准:(1)建立和参加组织的自由;(2)表达的自由;(3)投票的权利;(4)获得公职的权利;(5)政治领袖为了获取支持而进行竞争的权利;(6)获得信息的不同渠道;(7)自由和公正的选举;(8)使政府政策依赖于投票及其他表达偏好的方式的制度。[⑥]和熊彼特的"选举民主"的定义不同,罗伯特·达尔的"民主"可以看作"自由民主"。即使是扩展了的"民主"的标准,西方的传统仍在其中清晰可见,其中也明显蕴含着西方的"自由观"。

《中国大百科全书·政治学卷》对"民主"作出这样的解释:"以多数人的意志为政权的基础,承认全体公民自由、平等的统治形式和国家形态。"[⑦]2005年国务院新闻办发布的《中国的民主政治建设》白皮书中写道:"民主是人类文明发展的成果,也是世界各国人民的普遍要求。各国的民主是由内部生成的,而不是由外力强加的。"中国人民和全世界人民没有不同,同样追求民主,但是中国人认为民主应该是内生的。

社会主义核心价值观中的"民主",是社会主义政治领域的价值目标，是指狭义的“民主”。这样的“民主”具有无产阶级的阶级属性。马克思曾直言不讳地指出了资产阶级民主的虚伪性，而且强调民主的阶级属性。他在《德意志意识形态》中指出：“每一个力图取得统治的阶级，即使它的统治要求消灭整个旧的社会形式和一切统治，就像无产阶级那样，都必须首先夺取政权，以便把自己的利益又说成是普遍的利益，而这是它在初期不得不如此做的。”

只有建立无产阶级政权，才有可能真正实现“民主”。所以，马克思在《共产党宣言》中说：“工人革命的第一步就是使无产阶级上升为统治阶级，争得民主。”因为只有到那时，“实际的单个利益和全体利益”才是根本一致的。列宁认为：“民主是国家形式、国家形态的一种。因此，它同任何国家一样，也是有组织有系统地对人们使用暴力，这是一方面，但另一方面，民主意味着在形式上承认公民一律平等，承认大家都有决定国家制度和管理国家的权利。”[8]无产阶级政权，需要专政来保障民主。在无产阶级眼中，“所谓的民主，就是照顾大多数人民的意志和利益”。而问题在于，“资产阶级的统治和真正的民主制度是不可调和的”。[9]

对于中国而言，2000多年封建社会的历史使得中国人普遍缺乏民主意识。毛泽东同志指出：“无论什么情况，民主的口号都能适应，民主对于中国人是缺乏的而不是多余，这是人人明白的。”[10]但是，在现实中，“民主”不能只是口号，而是国家制度安排的价值取向。

（二）民主形式的演变

任何事物都是形式与内容的统一，而新的形式并不等于新的内容，事物的发展并非是简单的形式变化，而在于内容的更新。然而，形式取代内容的情况非常常见。纵观历史，民主也在人类社会发展的进程中不断丰富和发展。“从多数决定、少数服从多数发展为尊重少数，再到国际事务中‘磋商取得一致’；从直接民主到代议民主；从选举民主到协商民主；从民主至上到民主服从法治；从多数人统治到社会共治；从民主管理到基层自治；从形式民主到实体民主”。[11]这样一来，我们如果以局部的某种形式来衡量一个国家是否民主，必然会得出以偏概全的结论来。

在现实的政治生活中，不同的国家实践着不同形式的“民主”，而这些“民主”的形式也在不同程度上影响着人们对于“民主”的理解，其中也包含那些形式大过内容的“民主”。

做到一人一票、多党竞选、三权分立就称得上是“民主”吗？马克思早就一针见血地指明：“全部问题在于确定民主的真正意义。”“民主”作为“人民的统治”，确实要求通过法定的某种形式、程序来实现。因为从实施层面来看，人民不可能直接实现统治，必须委托少数人代表人民来行使统治权。所以，有一种观点认为，只有符合程序的"代表"才是真正的"人民的代表"。熊彼特就持这种观点。他认为，这一关键的程序就是通过竞争性的选举进行的。这样一来，民主的内涵就沦为"选主"。这一观点也着实影响了很多国人对于"民主"的理解。"选主"有两种含义："'选主'是指选举统治者，然后由选举出来的一个或一群统治者行使统治权，而这已背离了'人民当家做主'的本意。第二，'选主'按英文本意是指选举决定的统治，选举本身成为统治或政治的核心问题。这样，可能影响乃至操纵选举的力量就有可能左右政治。倘若财富能够控制选举，民主甚至会从'选主'沦为'金主'。"⑫这样的"金主"在当前的资本主义国家中并不罕见。

众所周知，美国的总统大选一直都是"金钱游戏"。2016年美国总统选举开销有26亿多美元。而2010年，"公司法人"也同样享有美国宪法第一修正案赋予的"自然人"的言论自由权，这样一来，企业可以无限制地购买广告时段来影响选举结果。利益集团对国会立法议程的操纵程度更胜从前。2014年，美国最高法院最终取消了美国政治竞选捐款总额的上限，"选举跟着金钱走"更胜从前。看似形式完备的美国民主政治也早已成为富豪们操控的政治游戏。

日裔美国学者弗朗西斯·福山曾在《历史之终结及最后的人》中明确指出:“自由主义的民主,构成了人类意识形态演化的终点,也是人类政府的终极形式。”自此,“民主万能论”在全世界盛行。一些人甚至认为,西方国家富强的主要原因就是“民主”。民主可以带来和平,带来良知,带来繁荣。这时“民主”变成了点石成金的“魔杖”。可是放眼世界,“民主”给一些国家带来的也并非福祉,而是政局不稳、社会动荡。在乌克兰、菲律宾、印尼、埃及等国家,西式的自由民主并没有给国家带来经济增长,而是引发了经济、社会发展的更深层次的矛盾。

“民主”作为社会发展过程中民众的要求,应该是内生性的,依靠外来手段来推动,或者照搬其他国家的民主模式往往事与愿违。而西方国家在世界范围大打“民主牌”,也是“醉翁之意不在酒”。简单地复制、照搬西方国家“民主”的形式,罔顾国情,实则背离了民主的实质,所以才会招致灾祸。

二、民主不一定是“好东西”

2007年《印度信息网》载文称,世界上并非只有西方民主一种形式,只要坚持民主本质,即人民当家做主,就是一种有效的民主。与西方民主强调竞争、参与不同,中国民主强调人民当家做主，这种民主制度适合中国的国情，所以“中国式民主正在成为世界民主制度的一种新模式”。

著有《邓小平时代》等书的美国著名学者傅高义在接受《文汇报》记者采访时曾说：“很多人提到民主就担心‘乱’，但是，随着中国大多数人过上小康水平的生活、教育水平的提高、知识的普及，推进民主有了比较好的基础。民主化是一个漫长的过程。我认为，应该有很多聪明人到学校学习，更了解世界，增长才干。我想，要是邓小平还活着，他可能会说，先让社会安定下来，再提高人民的素质，逐渐推进民主。我还认为，中国应该有自己的民主模式，不必按照西方的做法。东亚的历史表明，发展最快的国家（如日本、韩国）并不像印度那样完全是美国标准下的民主国家。有时候需要将权力集中起来，通过政府的力量来促进发展。”

美国学者约翰·奈斯比特在《中国大趋势》一书中，将中国的民主称为“纵向民主”。他认为：“中国的纵向民主是建立在自上而下与自下而上的平衡之上的。西方人理解中国民主的困难在于他们从来不会注意到自下而上力量的存在。但是，几乎每个中国人都知道一个偏远的村庄中的18位农民几乎在一夜之间改变了中国农业政策——从集体农场到个体耕种——的故事。从农业迈出第一步起，中国自下而上的力量一直在持续壮大，而且还将继续壮大。这样一个自上而下与自下而上力量相互作用的体系的目标就是建立一个以信任为基础的体系:政府信任人民,人民也信任政府。这一模式适合中国历史、中国人的思维以及对于和谐稳定社会的追求。而且,随着中国共产党思想的开放,反对的人也会越来越少。西方民主制度不是一代建设完成的,而是经过几百年才逐渐成熟的。中国仅仅花了一代人的时间就已经取得了巨大的进步,它还将继续前进,不断增强自上而下与自下而上力量之间的平衡。我们相信,如果西方国家认同中国逐渐演变的纵向民主和经济发展,而不总是着眼于中国改革成熟过程中所面临的困难,那么整个世界,当然也包括中国人民,都将大大受益。”⑬

英国学者马丁·雅克在他的新书《大国雄心——一个永不褪色的大国梦》中说:“过去50年来,自诩实行这样或那样的民主制度的国家不断增加。但是,在许多重要地区,尤其是中东、非洲、中亚,当然还有中国,仍然少有民主的身影,至少在现实中如此。如果条件成熟,而且本国文化有民主的根本,那么某种形式的民主制度仍然为人们所向往,这是毋庸置疑的。然而,如果民主只是外来的移植物——比如伊拉克的情况,民主是由英美联军荷枪实弹地强加而来的——那么这强加的民主所造成的代价比它带来的好处就会高昂得多,不论这代价是反抗、民族冲突还是其他任何形式。民主不应是抽象的，不能脱离历史和文化，也不是放之四海而皆准。因为如果缺乏相应的环境，民主不但不会奏效，甚至还会带来灾难。民主必须自己慢慢地成长，而不应是强加的。民主也不是衡量一个国家治理水平的最为重要的标准。尤其对发展中国国家而言，同民主建设相比，发展经济、维持民族和睦（对于多民族国家来说）、减少腐败、维护社会秩序和稳定的能力，至少应被放在同等重要的地位。不同的社会所处的环境和发展水平各有差异，都有各自的轻重缓急，因此，民主也应放在恰当的历史和发展大环境中来考量。"⑭

可以说，自 2008 年次贷危机爆发，西方国家的一些学者也开始了对自身制度安排的反思。劣质民主在全球的扩散，那些"第三波民主化"的国家也并未因"民主"给国家带来福祉。很多学者都意识到了一个问题："民主"并非简单的政治口号，也并非单向线性的发展轨迹，西方国家搞民主输出，使得民主变成了"坏东西"。

（一）"民主化"浪潮带来了什么？

亨廷顿在《第三波：20 世纪末的民主化浪潮》中表达的核心观点就是"民主是个好东西"，这样的"好东西"是西方文明的产物，应该扩展到全世界范围。《第三波：20 世纪末的民主化浪潮》一书中沿用了熊彼特对于"民主"

的定义，即“民主的方法是为作出政治决定的一种制度安排，在这种制度安排中，个人通过竞取人民手中的选票而得到作出决定的权力”。[15]他认为，民主有两个维度：一是竞争，一是参与。“如果用普选的方式产生最高决策者是民主的实质，那么民主化过程的关键点就是用在自由、公开和公平的选举中产生的政府来取代那些不是通过这种方法产生的政府。”[16]“不民主的国家没有选举上的竞争和普遍的选举投票参与。”[17]而这里的“民主化”就是指那些“不民主”的国家向民主的政体转型。“民主化”的过程必然伴随着市场“自由化”，而骨子里的价值观仍是“自由、平等、博爱”。美国政治学者霍华德·威亚达尔《民主与民主化比较研究》一书的前言中直接指出：“民主化正成为一个全球现象。……民主现已成为唯一具有普遍正当性的政府形式。”[18]这就是所谓的世界范围的“民主化”浪潮。

“民主化”浪潮使各色的个人独裁、军人统治、威权政体和极权政体土崩瓦解。“在世界事务的层面上，民主是终结冷战的内在动力，民主化则把整个世界带入后冷战世界。民主也随之成为后冷战世界的占绝对主导地位的政治正当性原则。……同时，民主政治也完全成为人类主流文明的政治象征。全球化的一个重要内容就是民主化。”[19]这些语境下的“民主”，即是指民主化程度的加深导致质变的结果。而其中暗含的逻辑是“民主化等同于西方化、西方化等同于选举化、选举化等同于合法化、合法化等同于文明化”[20]。这样一来，西方国家被打造为民主的“正义化身”。“民主化”就意味着政治改组、全民公投，最终实现易帜换旗，改弦易辙。

亨廷顿当时所说的“第三波”民主化主要是针对东欧国家，而在此之后，西方国家也一直在积极推动“第四波”民主化。处在“政治夹缝中”的东欧国家和东亚地区某些政权迅速充当了美国推行民主与人权外交的马前卒。2000年6月，由美国、波兰、智利、捷克、印度、韩国、马里七国发起，在华沙召开会议，建立了名为“民主国家联合体”的新国际组织，宣称民主国家的主要标准是实施无记名和全面监督下的定期、公平选举，保障人权（包括言论自由、新闻自由等），享有结社自由、权力分离（尤其是司法独立）等，其宗旨和目的是推广并巩固民主制度。[21]

2006年11月，美国威尔逊学院院长安妮·玛丽·斯劳特和政治学教授约翰·伊肯伯里共同领导的“普林斯顿计划”出台。他们召集了来自不同政治派别的数百名专家共同讨论，还与基辛格、奥尔布赖特、舒尔茨、布热津斯基等人进行了磋商。“普林斯顿计划”旨在创建一个以条约为基础的“民主国家协同组织”，要想加入这个组织，就必须接受苛刻的条件。这个组织甚至可以代替联合国，对于世界上那些违背民主意志的国家或地区进行国际干预，甚至合法地进行武力干预。如今,这些组织的影响力式微,但是“民主化”浪潮背后的政治意图昭然若揭。

那些新兴的民主国家,只是植入了西式民主的“合法性”外衣,选举中徇私舞弊,贪腐横行,随之带来的就是政治动荡,甚至种族暴动。戴蒙德在2008年的《外交事务》中提出了全球民主进入衰退期的说法。他认为,民主化在发展中国家引发治理危机的原因是这些国家仅仅实现了竞争性选举,但并没有实现法治和保证公民的自由权利。[22]此后,诸多西方学者也纷纷开出药方,做出理论调整。弗朗西斯·福山也提出“没有优质国家,就没有优质民主”的观点,如今越来越多的学者意识到,民主并非衡量政治发展的唯一标准,国家治理是优先于民主建设的。

(二)超越西式民主是否可能?

自2008年以来,西方国家一直没有摆脱经济衰退的阴影,而这次金融危机带来的影响并不限于经济领域,而是一次全方位的社会危机,西式民主退化的迹象也日趋明显。“西式民主在今日的退化和衰落,应为那些仍然在摸索政治制度建设道路的发展中国家所警惕,若盲目照搬,别人今日之困境,必将成为自己明日之难题。如果民主只是有钱人的游戏,民主只是不断降低的投票率,民主越来越将德性排挤出政治生活,民主使人们越来越感觉到个人微不足道、无足轻重，民主越来越被认为用来合法地欺负外人，民主被认为制造对立和分裂，民主制造出越来越多‘合法’的战争，这种民主绝非人类对美好政治的追求方向。”[23]西式民主并非不可超越，而美国也不是神圣的“山巅之城”。

作为西方民主制度的样本，美国首当其冲。曾经被认为无懈可击的美国民主，如今也饱受诟病，遭遇危机。2016 年 4 月上旬，华盛顿出现了名为“民主之春”的抗议活动，主要就是抗议当前美国的金钱政治和选举不公。据报道，参与者于 4 月 2 日从费城出发，步行十天，于 11 日抵达华盛顿，11 日至 18 日在华盛顿国会山进行静坐，抗议美国政坛的“大金钱腐败”，呼吁公平公正的选举。组织者称，每个美国人都应该享有平等的发声的权利。他们希望通过这种方式展示“人民心目中真正的民主”。

“民主之春”行动，得到了 100 多个民间组织的支持。截至 2016 年 4 月 18 日，有超过 4000 人报名参加此项活动。“民主之春”计划令所有政府公职竞选者签署了一份名为《所有人的平等之声》(*Equal Voice for All*)的声明，尤其反对美国最高法院在 2010 年判定的联合公民诉联邦选举委员会案(Citizens United v. Federal Election Commission)。

2010 年，美国联邦最高法院作出一项终审裁决，称政治捐款是言论自由的表达方式，只要企业和团体不把钱直接给候选人，而是用于支持候选人的各项活动，就可以不受数额限制。此后，一种名为“超级政治行动委员会”的组织应运而生，专门接受无限额捐款，为特定竞选人助选。借此，美国政治献金上限可谓名存实亡，有钱人可以通过“超级政治行动委员会”绕开这一限制。据美国《华盛顿邮报》4 月 15 日的报告显示，截至 2016 年 2 月底，美国大企业和富人阶层在 2016 大选年已向“超级政治行动委员会”捐款 6 亿美元，预计将很快打破该委员会在 2012 大选年筹集到的总额为8.28亿美元政治募捐的纪录。在这 6 亿美元捐款中，41%的款项来自 50 个超级富豪家族。[24]显而易见，美国政党并非是为“民主”代言，而是被金钱操纵的。

早在 2012 年 5 月 20 日，美国《纽约时报》网站就发表了著名作家弗里德曼的题为《美国越来越不民主》的文章。“弗里德曼强调，美国正从一个防止权力过度集中的民主政体演变成一个权力过于分散而无法做出重要决定的‘否决政体’，特殊利益集团游说和贿赂的扰乱令政治制度丧失活力。”[25]2001 年诺贝尔经济学奖的获得者斯蒂格利茨也感叹道：“美国民主早已背离林肯‘民有、民治、民享’的理想，实质上美国民主已经变形为‘百分之一所有，百分之一所治，百分之一所享’。”[26]

有目共睹的是，美国民主质量已明显退化。“否决政治”泛滥，严重拖累了政策的实施效率，政治僵局也反复出现。“美国政治体制的分权与制衡设计，让特殊利益团体或坚持偏执意识形态立场的群体总是可以在决策过程中的某个环节找到切入点，然后想办法偷偷塞入自己的‘私货’；如果得不到自己想要的结果，就千方百计让新的政策或法案胎死腹中。”[27]几经周折的医改方案自不必说，而加州高速铁路兴建计划也迟迟不能启动。弗朗西斯·福山将其概括为“相互否决体制”。这样的两党政治要么是“一届隔着一届干”，要么是“一届对着一届干”。[28]正是看到了“否决政治”的弊端，弗里德曼才由衷感叹：“哪怕做一天中国也好。”

除此之外，美国民主体制的失灵还体现在：第一，财政赤字问题的无解，现在联邦政府的举债余额已经超过美国GDP 的 100%。第二，酬庸政治与裙带政治大行其道。曾经的选战功臣、大金主往往会占据重要的外交职位。第三，美国所宣扬的“人权”与“自由”，在“9·11 事件”后严重倒退。保守意识形态的法官盘踞联邦法院体系，对言论自由的范围进行压缩，放任国家机关对个人隐私进行监控。换言之，“9·11”之后美国的集权趋势也日趋明显。[29]

与此同时，中国式民主正在稳步前进，西方学界关于中国民主政治发展的正面评价也开始逐渐增多。之前，西方学界的主要观点都是将中国看作“国家资本主义”，即自由的市场经济和威权政体的结合。如今，一些西方学者也逐渐承认“中国道路”之所以能够取得令人瞩目的成就，政治体制优势功不可没。正是由于中国共产党的长期执政，使得中国避免了美国两党制容易出现的“翻烧饼”，可以实现“一届接着一届干”，矢志不渝地朝中华民族复兴的目标逐步迈进。而中国式民主始终坚持社会主义公有制为主体的经济基础，使得资本不可能操纵国家。十八大以后，中国又将“协商民主”作为民主发展的重点，这样做的价值优势也非常明显：第一，有利于减少社会矛盾，扩大社会共识；第二，有利于提高民主质量；第三，有利于提高决策效率，降低政治成本。[30]权力制约和民主监督体系不断建设并加强，人民的权利也在循序渐进地扩展。现在中国农村基层就有“两票制”的存在，允许党外群众以某种特殊方式对党组织负责人进行初选。这在全世界恐怕都是绝无仅有的。

从1978年邓小平第一次提出“民主的制度化、法律化”，吹响中国政治体制改革的号角算起，中国经过了30多年的改革，使得中国式的民主日臻完善。中国始终认为“吃别人嚼过的馍没味道”，设计和发展国家政治制度，“不能割断历史，不能想象突然就搬来一座政治制度上的‘飞来峰’”。[31]

三、社会主义民主的本质：人民当家做主

关于民主，我国著名的民主人士黄炎培与毛泽东之间

有着一段广为流传的对话。1945 年 7 月，抗战即将胜利之时，时任国民参政员的 68 岁的黄炎培应中共中央之邀赴延安考察。毛泽东问黄炎培感想如何，黄炎培回答："我生 60 多年，耳闻的不说，所亲眼看到的，真所谓'其兴也勃焉，其亡也忽焉'，一人，一家，一团体，一地方，乃至一国，不少单位都没有跳出这个周期率的支配力。大凡初时聚精会神，没有一事不用心，没有一人不卖力，也许那时艰难困苦，只有从万死中觅取一生。既而环境渐渐好转了，精神也渐渐放下了。有的因为历时长久，自然的性情发作，由少数演为多数，到风气养成，虽有大力，无法扭转，并且无法补救。也有因为区域一步步扩大了，它的扩大，有的出于自然发展，有的为功业欲所驱使，强求发展，到干部人才渐见竭蹶、艰于应付的时候，环境倒越来越加复杂起来了，控制力不免趋于薄弱了。一部历史，'政怠宦成'的也有，'人亡政息'的也有，'求荣取辱'的也有。总之没有能跳出这周期率。中共诸君从过去到现在，我略略了解的了，就是希望找出一条新路，来跳出这条周期率的支配。"

听了黄炎培的这番话，毛泽东回答："我们已经找到了新路，我们能跨出这周期率。这条新路，就是民主。只有让人民起来监督政府，政府才不敢松懈。只有人人起来负责，才不会人亡政息。"对于毛泽东的回答，黄炎培是认同的。他说道："这话是对的。只有大政方针决之于公众，个人功业欲才不致发生。只有把每一个地方的事，公之于每一个地方的人，才能使地地得人，人人得事。把民主来打破这个周期率，怕是有效的。”

此段对话最早见于1945年出版的由黄炎培口述、黄夫人姚维钧执笔的《延安归来》一书，在黄方毅所著《黄炎培与毛泽东周期率对话——忆父文集》（人民出版社2012年版）一书中有详细记载。这段对话在历史上被称作“窑洞对”。受这场对话触动，毛泽东连夜召集中共中央五大书记开会，予以讨论。人民民主是我们党始终高扬的光辉旗帜。中国共产党领导人民实行人民民主，就是保证和支持人民当家做主。保证和支持人民当家做主不是一句口号，不是一句空话，要实实在在地把民主落实到国家政治生活和社会生活之中，就是要保证人民依法有效行使管理国家事务、管理经济和文化事业、管理社会事务的权力。

人民民主才是社会主义民主的生命，这是中国式民主在社会主义实践中不断发展完善的根本目标。人民是否享有民主权利，要看人民有没有进行民主选举的权利，要看人民在日常政治生活中是否有持续参与的权利，也要看人民有没有进行民主决策、民主管理、民主监督的权利。社会主义民主不仅需要完整的制度程序，而且需要完整的参与实践。

(一)中国式民主的制度架构

中国特色社会主义政治制度之所以行得通、有生命力、有效率,就是因为它是从中国的社会土壤中生长起来的。中国特色社会主义政治制度从过去到现在一直生长在中国的社会土壤中,未来要继续茁壮成长,也必须深深扎根于中国的社会土壤。实践证明,中国的社会主义民主政治具有强大的生命力,中国特色社会主义民主政治的发展道路是符合中国国情、保证人民当家做主的正确道路。

中国特色社会主义民主政治制度是建立在当代中国的经济基础之上的,是为了实现最广大人民的根本利益,保障人民当家做主,保证国家长治久安、人民安居乐业的。它既是人类政治文明发展的优秀成果,又具有鲜明的民族特色和实践特色。《中华人民共和国宪法》明确规定,中国是工人阶级领导的以工农联盟为基础的人民民主专政的社会主义国家。人民民主专政是我国的国体,也就是国家的阶级属性。国体决定政体。而在制度层面,中国特色的社会主义民主政治主要表现为如下几点:第一,人民代表大会制度是中国的根本政治制度,是人民当家做主的政权组织形式。第二,中国共产党领导的多党合作和政治协商制度是我国的一项基本政治制度,是中国特色社会主义的政党制度。第三,民族区域自治制度作为我国的一项基本政治制度，不仅成功解决了我国的民族问题，也是中国共产党人运用马克思主义民族理论的一大创造。民族区域自治在实现了中央统一领导与民族自治相结合的同时，促进了各个民族的和睦相处。第四，基层民主自治制度是实行直接民主的基本政治制度。这既是人民依法直接行使民主权利的制度保障，也是人民当家做主最有效、最广泛的途径。

人民代表大会制度是人民当家做主的重要途径。中国共产党在长期的革命、建设和改革的实践中，逐步摸索出了人民代表大会制度。实践证明，人民代表大会制度是适合我国国情与人民要求的政权组织形式。民主革命时期，从中央到地方各级工农兵大会，再到后来的苏维埃共和国政权的建立，都为新中国成立以后人民代表大会制度的建立提供了参考经验，奠定了实践基础。

1954 年，第一次全国人民代表大会顺利召开，制定了第一部《中华人民共和国宪法》。《中华人民共和国宪法》（1954 年）规定："中华人民共和国的一切权力属于人民。人民行使权力的机关是全国人民代表大会和地方各级人民代表大会。全国人民代表大会、地方各级人民代表大会和其他国家机关，一律实行民主集中制。"

《中华人民共和国宪法》（2004 年）把相关内容修改为："中华人民共和国的一切权力属于人民。人民行使国家权力的机关是全国人民代表大会和地方各级人民代表大会。人民依照法律规定，通过各种途径和形式，管理国家事务，管理经济和文化事业，管理社会事务。中华人民共和国的国家机构实行民主集中制的原则。全国人民代表大会和地方各级人民代表大会都由民主选举产生，对人民负责，受人民监督。国家行政机关、审判机关、检察机关都由人民代表大会产生，对它负责，受它监督。”人民代表大会制度作为中国特色社会主义制度的重要组成部分，也是支撑中国国家治理体系和治理能力的根本政治制度，是完善和发展人民民主的制度根基。

中国共产党领导的多党合作和政治协商制度是我国社会主义协商民主的重要渠道之一，也是中国共产党与其他民主党派长期建立统一战线，最终确立的制度安排。作为具有中国特色的社会主义政党制度，中国共产党领导的多党合作和政治协商制度是适合中国国情，具有强大生命力的。1945 年 4 月，毛泽东同志就在中共七大报告中指出：“为着动员和统一中国人民为一切抗日力量，彻底消灭日本侵略者，并建立独立、自由、民主、统一和富强的新中国，中国人民、中国共产党和一切抗日的民主党派，迫切地需要一个互相同意的共同纲领。”1949 年中华人民共和国成立。1946 年政治协商会议的成果以制度的形式被确立和保留，自此又得到了长期的发展。中国人民政治协商会议第一届全体会议，代行了中国的立法机构——全国人民代表大会的职权，通过了具有临时宪法性质的《中国人民政治协商会议共同纲领》，制定了《中国人民政治协商会议组织法》《中华人民共和国中央人民政府组织法》。自此，中国人民民主统一战线在组织上完备和固定下来。在1954年第一届全国人民代表大会召开之前，《中国人民政治协商会议共同纲领》一直代替宪法实行。可以说，人民政协是统一战线的组织，是多党合作和政治协商的机构，是人民民主的重要实现形式，体现了中国特色社会主义制度的鲜明特点。

图为新疆维吾尔自治区哈密市南湖乡南湖村收瓜点的选民阿尤甫·巴斯提(右)在投票

民族区域自治是指在国家的统一领导下，各少数民族聚居的地方实行区域自治，设立自治机关，行使自治权。实行民族区域自治，体现了国家充分尊重和保障各少数民族管理本民族内部事务权利的精神，体现了国家坚持实行各民族平等、团结和共同繁荣的原则。实行民族区域自治，对发挥各族人民当家做主的积极性，发展平等、团结、互助的社会主义民族关系，巩固国家的统一，促进民族自治地方和全国社会主义建设事业的发展，都起了巨大的作用。实践证明，坚持实行民族区域自治，保障了民族自治地方根据本地实际情况贯彻执行国家的法律和政策；培养了大量少数民族各级干部、各种专业人才和技术工人；这些民族自治地区也发扬自力更生、艰苦奋斗的精神，发展了本地区的社会主义建设事业，为国家建设做出不容忽视的贡献。

基层群众自治是人民依法直接行使民主权利的制度保障，也是人民当家做主最有效、最广泛的途径。基层群众自治制度是依照宪法和法律的规定，由居民（村民）选举的成员组成居民（村民）委员会，实行自我管理、自我教育、自我服务、自我监督的制度。改革开放以后，基层民主自治也日渐完善，逐渐制度、法制化。1981 年，《关于建国以来党的若干历史问题的决议》提出："在基层政权和基本社会生活中逐步实现人民的直接民主。"在 1982 年颁布的宪法中,第一次将城市的居民委员会和农村的村民委员会作为基层群众自治组织写入宪法。1987年,党的十三大报告从完善国家制度的角度提出,要完善基层民主生活的制度。1992年,党的十四大报告中第一次使用“基层民主”一词,并明确界定了基层民主的组成即职工代表大会、城市居委会和农村村委会。2007年,党的十七大首次将“基层群众自治制度”纳入中国特色社会主义民主政治的范畴,为中国基层民主的实践探索奠定了基础。

(二)完善社会主义民主是个长期过程

习近平总书记说:“中国特色社会主义民主是个新事物,也是个好事物。当然,这并不是说,中国政治制度就完美无缺了,就不需要完善和发展了。制度自信不是自视清高、自我满足,更不是裹足不前、故步自封,而是要把坚定制度自信和不断改革创新统一起来,在坚持根本政治制度、基本政治制度的基础上,不断推进制度体系完善和发展。我们一直认为,我们的民主法治建设同扩大人民民主和经济社会发展的要求还不完全适应,社会主义民主政治的体制、机制、程序、规范以及具体运行上还存在不完善的地方,在保障人民民主权利、发挥人民创造精神方面也还存在一些不足,必须继续加以完善。在全面深化改革进程中,我们要积极稳妥推进政治体制改革,以保证人民当家做主为根本,以增强党和国家活力、调动人民积极性为目标,不断建设社会主义政治文明。”[32]

坚持和发展中国特色社会主义政治发展道路,关键是要坚持党的领导、人民当家做主、依法治国有机统一,以保证人民当家做主为根本。我们要坚持国家一切权力属于人民的宪法理念,最广泛地动员和组织人民依照宪法和法律规定,通过各级人民代表大会行使国家权力,通过各种途径和形式管理国家和社会事务,管理经济和文化事业,共同建设,共同享有,共同发展,成为国家、社会和自己命运的主人。坚持正确的政治方向,坚定不移走中国特色社会主义政治发展道路。

改革开放以来,我们党团结带领人民在发展社会主义民主政治方面取得了重大进展,成功开辟了并坚持了中国特色社会主义政治发展道路,为实现最广泛的人民民主确立了正确方向。这一政治发展道路的核心思想、主体内容、基本要求都在宪法中得到了确认和体现,其精神实质是紧密联系、相互贯通、相互促进的。国家的根本制度和根本任务,国家的领导核心和指导思想,工人阶级领导的、以工农联盟为基础的人民民主专政的国体,人民代表大会制度的政体,中国共产党领导的多党合作和政治协商制度、民族区域自治制度以及基层群众自治制度,爱国统一战线,社会主义法治原则,民主集中制原则,尊重和保障人权原则，等等，这些宪法确立的制度和原则，我们必须长期坚持、全面贯彻、不断发展。

党的十八大报告明确指出："必须坚持人民主体地位。中国特色社会主义是亿万人民自己的事业。要发挥人民主人翁精神，坚持依法治国这个党领导人民治理国家的基本方略，最广泛地动员和组织人民依法管理国家事务和社会事务，管理经济和文化事业，积极投身社会主义现代化建设，更好保障人民权益，更好保证人民当家做主。"以此为宗旨，党的十八大也对今后的政治体制改革做出了新的战略部署：第一，支持和保证人民通过人民代表大会行使国家权力；第二，健全社会主义协商民主制度；第三，完善基层民主制度；第四，全面推进依法治国；第五，深化行政体制改革；第六，健全权力运行制约和监督体系；第七，巩固和发展最广泛的爱国统一战线。

人民代表大会制度是支撑中国国家治理体系和治理能力的根本政治制度。新形势下，我们要高举人民民主的旗帜，毫不动摇地坚持人民代表大会制度，也要与时俱进地完善人民代表大会制度，坚定不移地走中国特色社会主义政治发展道路，继续推进社会主义民主政治建设，发展社会主义政治文明。人民代表大会制度的重要原则和制度设计的基本要求，就是任何国家机关及其工作人员的权力都要受到制约和监督。2010 年 3 月 14 日，《中华人民共和国选举法》修正案获得第十一届全国人大三次会议通过。这次修正案涉及的修改内容非常广泛，如：实行城乡按相同人口比例选举人大代表；提出了进一步增强人大代表的代表性，应当有适当数量的基层代表，特别是工人、农民和知识分子代表以及妇女代表。与时俱进完善人民代表大会制度，就需要加强和改进立法工作、法律实施工作、监督工作，加强和改进人大代表与人民群众的联系等。

社会主义协商民主在我国有根、有源、有生命力，是中国共产党人和中国人民的伟大创造，是中国社会主义民主政治的特有形式和独特优势，是党的群众路线在政治领域的重要体现。党的十八大提出，在发展我国社会主义民主政治的进程中，要完善协商民主制度和工作机制，推进协商民主广泛多层制度化发展。十八届三中全会强调，在党的领导下，以经济社会发展重大问题和涉及群众切身利益的实际问题为内容，在全社会开展广泛协商，坚持协商于决策之前和决策实施之中。要构建程序合理、环节完整的协商民主体系，拓展国家政权机关、政协组织、党派团体、基层组织、社会组织的协商渠道；深入开展立法协商、行政协商、民主协商、参政协商、社会协商；发挥统一战线在协商民主中的重要作用，发挥人民政协作为协商民主的重要渠道的作用，完善人民政协制度体系，规范协商内容、协商程序，拓展协商民主形式，更加活跃有序地组织专题协商、对口协商、界别协商、提案办理协商，增加协商密度，提高协商成效。这些重要论述和部署，为中国社会主义协商民主发展指明了方向。

不难发现，积极推进协商民主的发展已然成为我国人民民主的实践增长点。社会主义协商民主，应该是实实在在的，而不是做样子的；应该是全方位的，而不是局限在某个方面的；应该是全国上上下下都要做的，而不是局限在某一级的。因此，必须构建程序合理、环节完整的社会主义协商民主体系，确保协商民主有制可依、有规可守、有章可循、有序可遵。

协商民主是中国社会主义民主政治中独特的、独有的、独到的民主形式，它源自中华民族长期形成的天下为公、兼容并蓄、求同存异等优秀政治文化，源自近代以后中国政治发展的现实进程，源自中国共产党领导人民进行革命、建设、改革的长期实践，源自新中国成立后各党派、各团体、各民族、各阶层、各界人士在政治制度上共同实现的伟大创造，源自改革开放以来中国在政治体制上的不断创新，具有深厚的文化基础、理论基础、实践基础、制度基础。协商民主深深嵌入了中国社会主义民主政治的全过程。中国社会主义协商民主，既坚持了中国共产党的领导，又发挥了各方面的积极作用；既坚持了人民主体地位，又贯彻了民主集中制的领导制度和组织原则；既坚持了人民民主的原则,又贯彻了团结和谐的要求。所以说,中国社会主义协商民主丰富了民主的形式,拓展了民主的渠道,加深了民主的内涵。

党的十八大报告提出,完善基层民主制度。在城乡社区治理、基层公共事务和公益事业中实行群众自我管理、自我服务、自我教育、自我监督,是人民依法直接行使民主权利的重要方式。要健全基层党组织领导的充满活力的基层群众自治机制,以扩大有序参与、推进信息公开、加强议事协商、强化权力监督为重点,拓宽范围和途径,丰富内容和形式,保障人民享有更多更切实的民主权利。全心全意依靠工人阶级,健全以职工代表大会为基本形式的企事业单位民主管理制度,保障职工参与管理和监督的民主权利。发挥基层各类组织的协同作用,实现政府管理和基层民主有机结合。基层民主无论是对于社会主义民主政治建设而言,还是对于和谐社会建设而言,都具有举足轻重的意义。

毛泽东同志在《关于正确处理人民内部矛盾的问题》中提出过一个重要论断:“用民主方法解决人民内部矛盾。”这一重要论断对于我们今天考察基层民主与社会和谐的关系仍然具有重要的指导意义。基层既是产生社会矛盾的“源头”,也是疏导各种矛盾的“茬口”。当前基层产生的社会矛盾,无论其表现形式多么复杂多样,就其性质而言，绝大多数还是表现为人民的内部矛盾。基层矛盾要用基层民主的办法来解决，这一重要原则一定要把握好。从这个意义上说，推进基层民主建设是实现政治稳定、社会和谐的重要保证，基层民主越健全，社会就越和谐。这就要求基层组织和基层干部要提高构建社会主义和谐社会的能力，要大力提高通过民主方法来解决基层矛盾的能力，自觉加强民主作风的修养，不断创新领导方式和工作方式，综合采用政治、经济、行政、法律和民主协商等多种手段，提高将矛盾化解在基层、消灭在萌芽状态、控制在局部的能力。

（三）社会主义核心价值观中的“民主”

社会主义核心价值观中的“民主”，是作为价值层面出现的，即指“人民主权”。在中国，“人民主权”就是要尊重人民的主体地位，尊重人民的首创精神。通过法治的保障，将政治智慧的增长、治国理政本领的增强深深扎根于人民的创造实践之中，使各方面的真知灼见都能运用于治国理政过程中。这是中国共产党的一切执政活动、中华人民共和国的一切治理活动，都要坚持的原则。因为社会主义追求的是实质的民主，人民当家做主。

马克思主义理论认为，经济基础决定上层建筑，上层建筑也会反过来影响经济基础。社会主义民主必然要建立在以公有制为主体的经济基础之上，社会主义追求的“富强”是最终实现共同富裕，而社会主义追求的“民主”亦是实现共同富裕的重要手段。没有民主，就没有社会主义。对于社会主义国家而言，民主既是手段，也是目的。“社会主义所提供的民主是一种旨在使共同体的政治生活与经济生活重新结合起来的民主，这种民主首先是指它隶属于生产者本人民主的自我决定。”[33]所以，民主对于社会主义而言，不仅是国家形态，而且是社会政治生活的价值追求。

“民主”亦是中国特色社会主义政治文明的核心价值，也是实现中华民族伟大复兴中国梦的必要组成。人民民主是社会主义的生命，也是人民美好幸福生活的政治保障。“富强”是实现“民主”的前提，而“民主”的每一步前进，也都是量变的“文明”，因为“民主”本身就是衡量社会文明进步的标准之一。而“民主”的社会必然有利于“和谐”，“和谐”社会也包含着“民主法治”之意。所以，“民主”是中国梦的政治价值内核，人民当家做主是中国梦的政治保障。

注释

①⑩徐显明.我们需要什么样的民主[N/OL].北京：求是网，2016－04－30. http：//www.qstheory.cn/dukan/qs/2016－

04/30/c_1118772505.htm.

②张明澍.中国人想要什么样的民主[M].北京:社会科学文献出版社,2013:279—285.

③④王绍光.民主四讲[M].北京:生活·读书·新知三联书店,2008:2,4.

⑤[美]美国不列颠百科全书出版公司,编.西方大观念:第1卷[M].陈嘉映,译.北京:华夏出版社,2008:243.

⑥⑱[美]霍华德·威亚尔达,主编.民主与民主化比较研究[M].榕远,译.北京:北京大学出版社,2004:9,2.

⑦中国大百科全书编辑委员会,编.中国大百科:政治学卷[M].北京:中国大百科全书出版社,1992:251.

⑧⑨[苏联]列宁.列宁全集:第31卷[M].北京:人民出版社,1985:96,227.

⑩毛泽东.为争取千百万群众进入抗日民主统一战线而奋斗.毛泽东选集:第1卷[M].北京:人民出版社,1991:275.

⑪包刚升.被误解的民主[M].北京:法律出版社,2016:14.

⑫⑬[美]约翰·奈斯比特,[德]多丽丝·奈斯比特.中国大趋势[M].魏平,译.吉林:吉林出版集团,北京:中华工商联合出版社,2009:59—60.

⑭[英]马丁·雅克.大国雄心——一个永不褪色的大

国梦[M].孙豫宁,张莉,刘曲,译.北京:中信出版集团,2016:193.

⑮⑯⑰[美]亨廷顿.第三波:20世纪后期民主化浪潮[M].刘军宁,译.上海:三联书店出版社,1998:5,7,10.

⑲刘军宁.民主与民主化[M].北京:商务印书馆出版社,1999:2.

⑳㉑张树华,等.民主化悖论:冷战后世界政治的困境与教训[M].北京:中国社会科学出版社,2015:17,24.

㉒张飞岸.无效民主与民主化研究背后的美国国家利益[J].马克思主义研究,2015(05).

㉓苏长和.民主政治研究的误区及转向[N].北京:光明日报,2013-05-28(11).

㉔隆洋,编译.美国“民主之春”抓捕人次创纪录　示威将扩展全国[N/OL].观察者网站,2016-04-20.http://www.guancha.cn/america/2016_04_20_357639.shtml.

㉕辛向阳,陈建波,郑曙村.中国特色社会主义政治制度研究[M].北京:经济科学出版社,2013:2.

㉖㉗㉙高云汉.高思在云——中国兴起与全球秩序重组[M].北京:中国人民大学出版社,2015:26,29,31—35.

㉘苏长和.民主的希望和未来在中国[N].北京:人民日报(海外版),2014-09-05(02).

㉚房宁.中国的民主道路[M].北京:中国社会科学出

版社,201:6—7.

㉛㉜习近平.在庆祝全国人民代表大会成立60周年大会上的讲话[N].人民日报(海外版),2014-09-05(02).

㉝[加]艾伦·梅克森林·伍德,主编.民主反对资本主义[M].吕薇洲,刘海霞,邢文增,译.重庆:重庆出版社,2007:280.

第三章 “中国特色”社会主义文明：新时期的中华文明

2015年2月27日，“感动中国2014年度人物评选”结果揭晓，每一个获奖人物身上都有感人至深的故事和震撼内心的人格力量，这些优秀的普通人楷模，构成了当代中国人的群像，引发了国人强烈的共鸣。除10位获奖者外，“感动中国”还向抗击埃博拉病毒的中国援非医疗队表达了年度致敬。这些远渡重洋到非洲大陆上抗击埃博拉的中国医生，在大洋彼岸以勇气和科学铸成了铜墙铁壁，守卫生命。

埃博拉疫情是2014年国际社会极为关注的重大事件之一，牵系着万千生灵的生与死。正因如此，埃博拉又是一个“试金石”，可以测试出人们对非洲人民是真情还是假意，是放空炮还是干实事，是知难而退还是迎难而上。

2014年年末，联合国前秘书长安南罕见发声，严厉批评发达国家在埃博拉疫情爆发初期的不作为态度，指责西方“直到病毒蔓延到美国和欧洲才真正醒悟过来”。利比里亚总统约翰逊·瑟利夫高度评价中国的作用,称中方带动了各方对疫区国家的援助,引领了国际社会援非抗疫行动。塞拉利昂总统科罗马认为,中国对塞拉利昂的支持力度是最大的,中国的援助是迅速的、全方位的、持续的。

危难之际显真情。在这场与“看不见的魔鬼”的搏斗中,中国有情、有义、有担当,赢得了非洲人民的心,一些一向爱说风凉话的西方媒体也不得不改口。有关中国援助抗击埃博拉的报道中,“快速”“及时”“无私”“友谊”等赞誉一次次出现在各方的评价中。

埃博拉疫情爆发后,中国第一时间对外宣布援助举措,第一个向西非提供埃博拉疫情专项援助,第一个向疫区派出专家组和医疗队指导并直接参加一线救治,第一个用专机运送医疗防护物资,援助物资在第一时间运抵疫区并迅速分发使用。中国是累计向非洲提供援助批次最多和医疗物资最多的国家之一。

埃博拉病毒 2014 年春在西非大范围爆发以来,当一些国家或作壁上观,或纠结于是否派遣医疗队,甚至对疫区国家人员停发签证时,中国选择与疫区人民一道直面灾难,并肩作战。这不仅守住了国际道义,更是“真、实、亲、诚”四字对非政策的最佳诠释。

中国人对非洲的雪中送炭,体现了大国的担当。这是一组带着温度的数字:截至 2014 年 11 月 21 日,中国政府已先后提供4轮总价值7.5亿元人民币的紧急援助,中方在疫区的医疗人员约400人;在塞拉利昂,中国援助的移动实验室检测量占该国检测样本总量超过20%,检测结果准确率达100%;在几内亚,其接收的抗疫援助物资2/3来自中国;疫区周边10国的防疫物资几乎全部来自中国。此后,中国又有1000人次的医务人员、公共卫生专家奔赴疫区一线,中方还计划培训1万名医疗护理人员和社区骨干防控人员。

“国不以利为利,以义为利也。”为非洲提供力所能及的帮助,这是中非交往和友谊中中国一以贯之的原则。抗

图为2013年9月20日,在黎巴嫩贝鲁特,联合国驻黎巴嫩南部临时部队副司令官安切洛蒂(前左)为中国参谋军官授勋

击埃博拉的进程中，中国用自己的行动再次向世界表明，中非命运共同体绝非空话，中国秉持的义利观经得起大风大浪。全非洲网刊文说，在抗击埃博拉的全球斗争中，中国始终站在最前面……这是中非友谊的证明，也是中国作为负责任大国的体现。坚持以义为先的外交观，既是源自新中国的外交传统，也充分展示了中华文明的独特精神价值。

一、何为文明？

（一）文明的内涵

汉语的“文明”最早出现在《周易》。“见龙在田，天下文明。”这里的“文明”即“光明”之意。此后的“文明”逐渐演变成为“人的教养开化”之意。如：“浚哲文明，温恭允塞。”“刚柔交错，天文也；文明以止，人文也。观乎天文，以查时变；观乎人文，以化成天下。”与“文明”相对的自然就是“野蛮”。而人类社会发展的趋势就是逐渐摆脱蒙昧，走向文明的状态，所以越高级的社会形态，文明程度就应该越高。在古代汉语中，“文明”时常与“礼”一同出现。因为在古人看来，“礼本是文明之理，其发便知有辞逊；智本是明辨之理，其发便知有是非”。这一点深深影响了中华文明。所以，中国文化传统看重“教化”“德治”。“礼，经国家，定社稷，序民人，利后嗣者也。”这一点确证了中国文化具有“崇德”的精神，而且对于中国人的性格也影响深远。所以，在中文语境中，“文明”的字眼中包含着对于道德水平高低的评判。

狭义上的“文明”是指人类所创造的财富的总和，特指精神财富，如文学、艺术、教育、科学等。“文明”的英文词汇源于拉丁文 civilis，意思是公民的、国家的、社会的，用以表示国家、社会进步的状态。广义的“文明”是人类社会发展特有的现象，指人类开化和社会进步的标志。

美国社会学家摩尔根在《古代社会》一书中，把人类原始社会的发展分为蒙昧时代、野蛮时代和文明时代三个时期。恩格斯也在《家庭、私有制和国家起源》一书中对此作了肯定，指出：“文明时代是学会对天然产物进一步加工的时期，是真正的工业和艺术的时期。”①

恩格斯还概括了“文明时代”的特征：(1)出现炼铁，发明文字并应用于文献记录；(2)由分工而产生个人之间的交换以及把这两个过程结合起来的商品生产得到发展；(3)私有制确立和阶级产生；(4)国家产生以及作为政治、经济、文化中心的城市出现；(5)一夫一妻制的个体家庭确立，取代群婚制。

人类社会由野蛮状态进化到文明时代，与人类的生产活动以及与此相连的精神活动的发展不可分割。当人类学会对天然物的进一步加工时，社会便进入文明的起点，最初的工业和艺术的产生，是社会进入文明时代的标志。在恩格斯看来，文明时代的开端是私有制的形成，私有制的存在也是文明时代的一切愚昧、野蛮和落后现象的罪恶根源。

（二）文明的类型划分

中国近代思想家梁启超说："文明者，有形质焉，有精神焉。求形质之文明易，求精神之文明难。精神既具，则形质自生；精神不存，则形质无附。然则真文明者，只有精神而已。"在他看来，文明有物质和精神之分。他同时认为，物质文明实现起来比精神文明要容易得多，实现了精神层面的文明，物质层面的文明才会相应实现。孙中山在《孙文学说》中也表达过类似的观点："实际则物质文明与心性文明相持，而后能进步。"孙中山和梁启超之所以如此重视"精神"层面的文明，是与当时中国社会的环境有关。在积贫积弱之时，不倡导精神的作用，中国就更难摆脱被剥削被奴役的命运。

马克思主义文明观是将社会文明现象放在物质生产基础上考察的，社会文明现象的产生，发展的根源、动力都与生产方式有关。因此，文明也具有社会性、阶级性。文明包括同物质生产活动相适应的各种社会组织形式，其内容是不断变化的。人类社会从奴隶社会到社会主义社会，社会形态不同，各个社会中的文明的性质、特征也不同。马克思认为，在阶级对抗的社会中，文明的发展就是在对抗中进行的。“没有对抗就没有进步。这是文明直到今天所遵循的规律。”[②]马克思主义的文明观是和无产阶级实现全人类彻底解放的事业联系在一起的。

物质文明和精神文明的划分也十分清晰。物质文明就是在人类实践活动中物质方面取得的成果，换言之，就是人类改造自然的物质成果的总和。而精神文明则是指人类精神生产积极成果的总和。

物质文明包括以下几个方面：(1)社会生产力的状况，生产工具和技术的改进，生产规模的扩大，社会财富的积累等，这是社会进步的最高标准；(2)人们物质生活水平的改善，衣食住行等水平的提高和生活方式的变化，这是社会进步程度在物质上的结晶和标志。

精神文明包括以下几个方面：(1)文化方面。社会的文化、知识、智慧的状况，科学、教育、文学、艺术、卫生、体育等事业的发展程度以及相应的物质设施、机构的发展规模。(2)思想方面。社会的政治思想、道德风貌、心理、风尚，人们的世界观、人生观、价值观、理想、情操、觉悟、信念以及社会的组织性、纪律性等。[③]

在历史进程中，两个文明既是相互区别的，又是相互联系的。精神文明是以物质文明为基础的，而反过来，精神文明也会为物质文明提供精神动力，在一定程度上影响物质文明的发展。所以，单以物质文明来衡量社会的进步程度并不全面，应该是看物质文明和精神文明两个方面。邓小平同志说："一个真正的马克思政党在执政以后，一定要致力于发展生产力，并在这个基础上逐步提高人民的生活水平。"④此后，党的十二大明确提出建设高度的精神文明也是社会主义优越性的体现。

马克思在《〈政治经济学批判〉序言》中提出："人们在自己生活的社会生产中发生一定的、必然的、不以他们的意志为转移的关系，同他们的物质生产力的一定发展阶段相适合的生产关系。这些生产关系的总和构成社会的经济结构，即有法律的和政治的上层建筑竖立于其上并有一定的社会意识形态与之相适应的现实基础。物质生活的生产方式制约着整个社会生活、政治生活和精神生活的过程。不是人们的意识决定人们的存在，相反，是人们的存在决定人们的意识。"⑤在这里，马克思将社会生活、政治生活和精神生活、物质生活并列放在一起。以此为据，也可以将文明划分为物质文明、精神文明、政治文明、社会文明。

2001年，江泽民同志在全国宣传部长会议上第一次提出了“政治文明”的概念。他明确指出：“法治属于政治建设、属于政治文明，德治属于思想建设、属于精神文明。二者范畴不同，但其地位和功能都是非常重要的。”[6]党的十六大明确提出：“发展社会主义民主政治，建设社会主义政治文明，是全面建设小康社会的重要目标。”在党的十六届二中全会上，胡锦涛同志发表了题为《关于建设社会主义政治文明》的讲话，进一步对社会主义政治文明作了阐述，提出要坚持政治文明建设的正确方向，关键就是要把握三点：第一，推进政治文明建设，最根本的是要坚持党的领导、人民当家做主和依法治国的有机统一。第二，推进政治文明建设，要坚持走中国特色的政治发展道路。第三，推进政治文明建设，要坚持和发展我国社会主义政治制度的特点和优势。所以，政治文明可以理解为在政治建设方面取得的成果，即包括政治思想、政治制度、行政管理、法治建设等方面。当前党中央提出的“四个全面”的战略布局就是我国政治文明的最新成果。全面建成小康社会、全面深化改革、全面依法治国、全面从严治党的战略布局，也是我们党在新形势下治国理政的总方略。

顾名思义，社会主义文明就是在社会建设方面所取得的成果。只是这里的“社会”是指中观层面。宏观层面的“社会”与自然并列，是世界的两大物质系统之一；中观层面的“社会”是与政治、经济、文化相并列的；微观层面的

“社会”则是指人的聚集状态,因为人是社会性的动物。社会文明对应的是我国的社会建设,价值取向就是和谐,强调以民生为重点。建设小康社会,也需要推进社会文明建设,才能坚持以人为本,按照科学发展观的要求,提高人民的物质文化生活水平,普遍实现社会公正,实现经济社会与人的全面发展相统一。

党的十七大首次提出了“生态文明”这一概念,着眼于正确看待人与自然的关系。由于工业化过程中,人类活动必然会对大自然造成破坏,有些破坏已经超过大自然承受的负荷,加上人口与资源的紧张关系,我们在追求经济社会发展的同时,如何顺应自然、尊重自然、保护自然呢?这就是提出“生态文明”的现实必要性。自此,中国特色社会主义建设变成了“五位一体”的总布局。建设中国特色社会主义,就是我国经济、政治、文化、社会、生态全面发展的进程,是我国社会物质文明、政治文明、精神文明、社会文明、生态文明全面建设的进程。

二、独树一帜的中华文明

英国历史学家汤因比曾预测说,19 世纪是英国人的世纪,20 世纪是美国人的世纪,21 世纪是中国人的世纪。他将重建和平主义的希望寄托于中国。在与日本社会活动家池田大作合著的《展望二十一世纪》中，汤因比这样说道："恐怕可以说正是中国肩负着不止给半个世界而是给整个世界带来政治统一与和平的命运。"

英国著名的哲学家罗素曾在中国实地考察，于1922年写了《中国之问题》这部专著。这位"世纪智者"对当时的中国深感同情。他指出，中国文明如果完全屈从于西方文明将是人类文明史的悲哀。他在这部书中说："如果世界上有'骄傲到不屑打仗'的民族，那就是中国。中国人天生宽容而友爱，以礼待人，希望别人也投桃报李。只要他们愿意，他们可以成为天下最强大的国家。但是，他们所追求的只是自由，而不是支配。"

梁漱溟先生曾摘录并翻译罗素的《中国之问题》，其中一段说道："中国当其接触工业文明后，其所夙有的某些高尚品德或犹将保存不失，其中有些恰为当前世界之所急切需要者。对这些风格品质我将以其心平气和置于第一位。所谓心平气和，即指其总求解决纷争与公理正义之上，而不愿用武力而已。"

诺贝尔化学奖获得者普利戈金指出："中华文明具有了不起的实践，中华文明对人类、社会与自然之间的关系有着深刻的理解……中国的思想对于那些想扩大西方科学的范围和意义的科学家来说，始终是一个启迪的源泉。"⑦

2016年年初去世的俄罗斯汉学家米·列·季塔连科说:“中国的文明史是独一无二的。地球上再也找不出一种能够5000年长盛不衰的民族和文明,而且其中的3000多年都可以找到文物文献的证据,比如史书、官方文件、文学和哲学作用,还有无数的物质文化实物。”[8]这位被称为最了解中国的俄罗斯学者还说:“任何外来的东西都要经历一个适应中国特殊国情的过程,即所谓的‘中国化’。”[9]

一个国家和民族的文明是一个国家和民族的集体记忆。人类在漫长的历史长河中,创造和发展了多姿多彩的文明。从茹毛饮血到田园农耕,从工业革命到信息社会,构成了波澜壮阔的文明图谱,书写了激荡人心的文明华章。从全世界范围来看,中华文明在5000年里从未发生过断裂。在整个人类文明史上,中华文明具有独特的价值。中华文明作为中华民族的“集体记忆”,很多精神特质也早已融入民族血液,世代传承。中华民族勤劳勇敢、吃苦耐劳的精神品质延续至今,而中华文明也具有宽容进取、爱好和平的独特价值。

(一)中华文明的独特价值:和平包容

中华民族历来是一个爱好和平的民族,爱好和平的思想早已嵌入中华民族的精神世界。中华文明里从来就没有霸权的基因,和平发展思想是中华文化的内在基因,讲信修睦、协和万邦是中国周边外交的基本内涵。这源于中华民族在长期历史发展中形成的“和而不同”的文化观。“柔远俗以文明，慑匈奴以武略。”中华文明一直是以开放的心态看待其他文明的。

汤一介先生认为，在中国历史上有两次外来文化大输入，一次是中华文化对印度佛教文化的吸收和融合，还有一次就是“五四”前后将西方的“科学和民主”引入中国文化。而中华文化具有强大的“同化力”，使得这些外来文化最终也呈现出了“中国特色”。因为中国传统文化的最高理想就是“万物并育而不相害，道并行而不相悖”。追求这样最高理想的文化最终使得中华文明从未发生过断裂，而且能够宽容地对待外来文化。

“历史上，中华文化的包容性是一以贯之的。但是这种包容性并非在任何时代都能得到充分的体现。事实上，它的充分体现总是与某些历史时期相联系。根据常识可以知道，春秋战国、两汉、盛唐，都是中华文化的包容性得以充分体现的辉煌时期。”[10]“在中华文化的发展过程中，多元的文化形态在相互接触中相互影响、相互吸收、相互融合，共同形成中华民族‘和而不同’的传统文化。中国人从本民族文化的历史发展中深切地体会到，文化形态是多种多样的、丰富多彩的，不同文化之间是可以相互沟通、相互交融的。推而广之，世界各国的不同文化也应该相互尊重、相互沟通。”[11]秉承这样的文明观，中华文明具有强大的包容性，能够一视同仁地看待其他文明，同时善于借鉴和学习其他文明的优秀成果。

梁漱溟先生说：“历史上与中国文化若后若先之古代文化，如埃及、巴比伦、印度、波斯、希腊等，或已夭折，或已转易，或失其独立自主之民族生命。惟中国能以自创之文化绵永其独立之民族生命，至于今日岿然独存。从中国已往历史征之，其文化上同化他人之力最为伟大。对于外来文化，亦能包容吸收，而初不为其动摇变更。由其伟大的同化力，故能吸收若干邻邦外族，而融成后来之广大中华民族。此谓中国文化非惟时间绵延最久，抑空间上之拓大亦不可及（由中国文化形成之一大单位社会，占世界人口之极大数字）。”[12]中华文明的这一特性，使得中华文明在整个世界文明中独树一帜，同时保持了文明的连续性和统一性。

（二）独具特色的中华文明对世界的贡献

“一花独放不是春，百花齐放春满园。”如果世界上只有一朵花，就算这种花朵再美，那也是单调的。不论是中华文明，还是世界上存在的其他文明，都是人类文明创造的成果。这也是“中国特色”的文明观。我们不愿意让别人将意志强加于我们，因为我们认为文明应是平等的。人类文明因平等才有交流互鉴的前提。各种人类文明在价值上是平等的，各有千秋，也各有不足。

亨廷顿在《文明的冲突》中提出："抑制伊斯兰与儒家国家的军事扩张，保持西方在东亚与西南亚国家的军事优势。"而实际上"文明冲突论"是站不住脚的，其本质上就是一种"西方中心论"，背后有着明显的政治意图，旨在为新帝国主义论辩护。而中华文明本身是维护文明的多样性的，这是中国传统文化的特征使然。

汤一介先生认为，中国传统文化是儒、道互补的，佛教传入中国后，又对中国文化产生了重要影响。"儒家的'仁学'为'文明的共存'提供了有积极意义的资源"，"道家的'道论'能为防止'文明的冲突'提供有意义的资源"。在整个人类社会文明史中，不同的民族、国家都曾在一定时期对人类文明有所贡献。

世界上不存在十全十美的文明，也不存在一无是处的文明，文明没有高低、优劣之分。英国哲学家罗素在《一个自由人的崇拜》中提出："不同文明之间的交流过去已经多次证明是人类文明发展的里程碑，希腊学习埃及，罗马借鉴希腊，阿拉伯参照罗马帝国，中世纪的欧洲又模仿阿拉伯，而文艺复兴时期的欧洲则效仿拜占庭帝国。"同时，罗素认为，不同文明之间的交流是促进人类文明发展的重要因素；今日的欧洲文化吸收了许多其他民族文化的因素，其中包含了阿拉伯文化的某些成分。

约翰·霍布森在《西方文明的东方起源》一书中明确指出:“世界上存在着一个称作西方的实体,并且有人把这个西方看作一种独立的社会和文明,而与其他社会和文明截然不同,我们许多人甚至根深蒂固地认为,西方世界有一个按照古希腊产生了罗马,罗马产生了基督教欧洲,基督教欧洲产生了文艺复兴,文艺复兴产生了启蒙运动,启蒙运动产生了政治民主和工业革命这样的顺序自主产生的文明谱系图。工业连同民主以及后来产生的美国,都体现了生存权、自由权和对幸福的追求……这是在误导,首先,因为它把历史变成了一部道德成功史,变成了一场由各个西方竞跑者向下一个接替者传递自由火炬的接力赛。历史就这样被改成了一个关于美德传承以及品德高尚者(例如西方)如何战胜落后族群(也就是东方)的传说。”如今有大量的证据证明,东方在促进近代西方文明的崛起方面发挥了至关重要的作用,西方的文明也不是天上掉下来的,而是在发展过程中大量吸收借鉴了中华文明和伊斯兰文明的成果。

欧洲的“农业革命”背后也有着中华文明的影响,因为大多先进的农具如风车、铁制铧犁等,都是由中国传入西方的。可以说,中华文明是农业社会发展取得的最高成就,对于世界农业发展都有着无可取代的贡献。大萧条时期，美国建设的“常平仓”制度就有着中国渊源。史料证明，中国的常平仓思想是由清末翰林陈焕章博士介绍到美国的。“我国古代良政之一的常平仓政策，曾为财政税收、保护农业、稳定经济、救灾救荒事业做出过无可替代的贡献。”[13]北宋王安石变法对于常平仓现代化的成功改造极有价值，其中“青苗法”和“市易法”作为变法的核心措施，不但建立了农产品生产保护政策，而且为后代解决农产品过剩和经济波动问题提供了最有力的借鉴，当代许多伟大的经济学家对此均有定论。

美国大萧条时期，农业部部长亨利·华莱士在长期研究中国古代经济思想的过程中，把常平仓思想原理、“青苗法”和“市易法”实践加以复活，结合美国资本主义农业现实，通过立法方式，建立了美国永久的现代常平仓制度。其制度核心是《1938 年农业调整法》，体制建设上借鉴常平仓、“青苗法”和“市易法”，成立了农产品信贷公司和联邦过剩农产品救济公司，分别针对农业和城市的经济稳定工作，还成立了一系列机构来执行产品保险等惠农政策。中华文明所取得的成果被别国广泛地吸收和借鉴，诸如此类的例子不胜枚举。

中华文明作为农耕文明的一种重要类型，对于世界文明的多样化本身就具有重要价值。而中华文明所追求的“协和万邦”“和而不同”的独特理念，对于人类社会历史发展具有重要的现实意义。可以说，和平包容，作为中华文明所蕴含的独特价值，亦可看作对于世界文明的贡献。

三、“中国特色”社会主义追求的文明是何种模样？

中华文明虽然经历了5000多年的历史变迁，但始终一脉相承，积淀着中华民族最深层的精神追求，代表着中华民族独特的精神标志，为中华生生不息、发展壮大提供了丰厚滋养。海纳百川，有容乃大。这是中华文明能够延续下来的重要原因。人类创造的各种文明都是劳动和智慧的结晶。每一种文明都是独特的。在文明问题上，生搬硬套、削足适履不仅是不可能的，而且是十分有害的。只要秉持包容精神，就不存在所谓的“文明冲突”，就可以实现文明和谐。这就是中国人常说的“萝卜青菜，各有所爱”。中华文明是在中国大地上产生的文明，也是同其他文明不断交流互鉴而形成的文明。而“中国特色”社会主义文明是在中华大地上成长起来的社会主义文明，既带有鲜明的民族特色，又带有明晰的时代特征。

（一）老树发新芽

马克思曾指出：“各个互相影响的活动范围在这个发

展进程中越是扩大，各民族的原始封闭状态由于日益完善的生活方式、交往以及因交往而自然形成的不同民族之间的分工消失得越是彻底，历史也就越是成为世界历史。”[14]在这里马克思认为，资本主义社会的生产力发展超越以往的社会形态，其实现了贸易自由，也最终促使了世界市场的建立。“随着工业生产以及与之相适应的生活条件的趋于一致，各国人民之间的民族分隔和对立日益消失。”[15]“现代大工业以这种集中的力量到处打破民族的藩篱，逐渐消除生产、社会关系、各个民族的民族性方面的地方性特点。”[16]“世界历史”的产生，使得文化也成为一种“世界历史性的存在”。如此一来，对于任何一个国家的文化发展而言，都必须完成由传统向现代的转变，必须走出自身民族文化生存发展的狭隘空间，使自身的文化在具有鲜明的时代性的同时，坚持开放性，积极地借鉴其他一切文明的优秀成果的同时，借鉴其他现代化国家在发展中的历史教训。“周虽旧邦，其命惟新。”一个民族不善于从历史中继承和发展本民族与世界其他民族创造的优秀文明成果，就不可能屹立于世界民族之林。

在5000多年文明发展进程中，中华民族曾创造了灿烂的文化，要使中华民族最基本的文化基因与当代文化相适应，与现代社会相协调，就要以人们喜闻乐见的形式广泛参与推广，把跨越时空、超越国度、富有永恒魅力、具有当代价值的文化精神弘扬起来，把继承传统优秀文化又弘扬时代精神、立足本国又面向世界的当代中国文化创新成果传播出去。

正如习近平总书记所言："不忘本来才能开辟未来，善于继承才能更好创新。"[17]民族文化是一个民族区别于其他民族的独特标志。对一个民族来说，本民族的文化是整个民族安身立命之本，如何看待自身的文化便是首先要解决的问题。

费孝通先生曾提出"文化自觉"这一命题。他认为，生活在既定文化中的人对其文化都有"自知之明"，明白它的来历、形成的过程、所具有的特色和它的发展趋向。"自知之明"是为了加强对文化转型的自主能力，取得决定适应新环境、新时代文化选择的自主地位。

当前，中华民族正走在中国特色社会主义道路上，在实现中华民族伟大复兴中国梦的历史进程之中，中华文化如何在全球化的背景下继续坚持民族特性，又顺应时代潮流的发展呢？回答了这一问题，就解决了"文化自觉"的问题。按照费孝通先生的观点，这一过程也是中华文化要完成"三级两跳"的过程，即从农业社会到工业社会和信息社会的"三级"，完成从传统的乡土社会到机器生产的工业化社会，再到信息化社会的"两跳"。所以，在文化建设上，我们需要完成从传统向现代的创造性转化。

实现中华民族的复兴，必然少不了中华文化的复兴和中华文明的延续。因为文化是一个民族共同的精神家园，也是民族生生不息、发展壮大的精神动力。中华民族的伟大复兴，既不能缺少中华民族的优秀传统文化、传统美德，也少不了时代精神的滋养。

钱穆先生认为："任何一个文化传统中间都应该有常，有变。" 这里的"常"可以理解为文化的民族性，是区别于其他民族的精神特质；而"变"则是与外部世界发生联系，完成新老交替、新陈代谢的过程。"常"决定着民族文化的本质，"变"则是随着时代的变迁带来的。钱穆将文化譬喻为生命，认为中华文化就在于既讲"常"又讲"变"，而"化"是"变"和"常"的辩证统一，中华文化就是在守"常"的基础上"变"的，才得以绵延至今，历久弥新。可以说，中国特色社会主义文化源于中华民族五千年的文明史，它既合理地继承了中国的优秀传统文化，也是中国传统文化推陈出新、合乎逻辑的发展，在继承民族优秀传统文化的同时，赋予其鲜明的时代特色和实践特色；以科学的态度对待传统文化，传承和弘扬传统文化的思想精华，这样才能使中华文明薪火相传，绵延发展。

春秋战国时期，儒家、法家、道家、墨家、农家、兵家等各个思想流派相互激荡，最终形成了百家争鸣的局面，丰富了当时中国人的精神世界。儒家注重修身，强调仁义、正义、自强等观念，最终形成中国特有的“君子文化”。法家关注国家，强调公平、公正、公开等观念。墨家关注社会，主张建立公平正义的社会。而道家关注人生，主张追求真实、自由、宽容的人生。两汉以后，儒术独尊，“三纲五常”的封建伦理体系逐渐形成。后来，玄学兴起，佛学传入，再到后来程朱理学、陆王心学出现，最终形成以儒、释、道三家为基础，多元文化共存的中国传统文化。中国传统文化强调道德理性，梁漱溟先生将其概括为“伦理本位”。在历史长河中，儒家虽为主线，但也吸收并整合了其他各家文化的精神来生长发育，最终形成了“和而不同”的文化格局，同时又强调道德理性，这些精神品格最终合力铸成了中华民族的民族精神，一些核心的价值观念也成了中华民族共同的精神追求。

中国特色社会主义文化是伴随着中国特色社会主义实践发展起来的，而社会主义文化的发展道路就是建设先进的文化之路。一个国家、一个民族要屹立于世界先进民族之林，不可缺少先进文化的积极引领。所谓“先进文化”，就是符合人类社会发展方向、体现生产力的发展要求、代表最广大人民根本利益、符合历史潮流的文化。“先进文化与生产力中的最活跃的人的因素一旦结合，劳动者的素质会得到极大的提高，劳动对象的广度和深度会得到极大的拓展，人类改造自然、取得财富的能力与数量会成几何级数增加。”[18]没有先进文化的引领，就没有人民精神境界的丰富，民族的凝聚力和创造力也就难以发挥。当前我们正处在全面建成小康社会的决胜阶段，这是实现中华民族伟大复兴的“关键一步”，要实现这“关键一步”同样需要先进文化的引领。

中国特色社会主义文化是具有中国特色的社会主义文化，它具有中国的民族风格和民族气派，有别于其他社会主义国家的文化，坚持加强对中华传统文化的挖掘和阐发，努力实现中华传统美德的创造性转化、创新性发展，把跨越时空、超越国度、富有永恒魅力、具有当代价值的文化精神弘扬起来，把继承优秀传统文化又弘扬时代精神、立足本国又面向世界的当代中国文化创新成果传播出来。只要中华民族一代接着一代追求美好崇高的道德境界，我们的民族就永远充满希望，中华文明就能生机盎然。

（二）五种文明的复合体

中国特色社会主义，是包括物质文明、精神文明、政治文明、社会文明、生态文明的复合体。马克思说：“一切划时代的体系的真正的内容都是由于产生这些体系的那个时期的需要而形成起来的。”[19]这五种文明是在中国特色社会主义实践中不断发展、完善，最终形成的。马克思认为“每一个社会中的生产关系都形成一个统一的整体”，社会是一切社会关系和环节都在其中同时存在,又互相依存的社会有机体。

马克思提出:“谁用政治经济学的范畴构筑某种思想体系的大厦,谁就是把社会体系割裂开来,就是把社会的各个环节变成同等数量的依次出现的单个社会。其实,单凭运动、顺序和时间的唯一逻辑公式怎能向我们说明一切关系在其中同时存在而又互相依存的社会机体呢?”[20]社会有机体的结构和内在关联就是以生产力和生产关系的矛盾运动原理为基础的。以此为基础建立的人类社会是一个由经济结构、政治结构和文化结构相互关联而成的有机系统,而物质生活的生产方式制约着整个社会生活、政治生活和精神生活的过程。以此为依据划分的五种文明自然也是一个“社会有机体”,因为文明是人类改造自然过程中取得的进步成果。物质文明、精神文明、政治文明、社会文明、生态文明这五种文明,则是中国特色社会主义“五位一体”的建设布局在这五个方面取得的进步成果。这便是当前中国特色社会主义的文明形态。

社会主义核心价值观中的“文明”,不仅是中国特色社会主义文化建设领域的目标,而且“文明”一词较之“文化”而言,蕴含着一定的价值取向,是由多层次的文化因素构成的结构体系。而作为社会主义的“文明”,不仅是物质文明、精神文明、政治文明、社会文明、生态文明这五种文明的复合体，而且包含着社会主义的价值取向，就是为最广大人民的根本利益服务。党的十八届五中全会提出，实现“十三五”时期发展目标，破解发展难题，厚植发展优势，必须牢固树立并切实贯彻创新、协调、绿色、开放、共享的发展理念。

“抓住了创新，就抓住了牵动经济社会发展全局的‘牛鼻子’。坚持创新发展，是我们分析近代以来世界发展历程特别是总结我国改革开放成功实践得出的结论，是我们应对发展环境变化、增强发展动力、把握发展主动权，更好引领新常态的根本之策。”[21]坚持创新发展，必须把创新摆在国家发展全局的核心位置，不断推进理论创新、制度创新、科技创新、文化创新等各方面创新，让创新贯穿党和国家的一切工作，让创新在全社会蔚然成风。必须把发展基点放在创新上，形成促进创新的体制架构，塑造更多依靠创新驱动、更多发挥先发优势的引领型发展。培育发展新动力，优化劳动力、资本、土地、技术、管理等要素配置，激发创新、创业活力，推动大众创业、万众创新，释放新需求，创造新供给，推动新技术、新产业、新业态蓬勃发展。

习近平总书记指出：“下好‘十三五’时期发展的全国一盘棋，协调发展是制胜要诀。我们要学会运用辩证法，善于‘弹钢琴’，处理好局部和全局、当前和长远、重点和非重点的关系，在权衡利弊中趋利避害、作出最为有利的战略抉择。”[22]从当前我国发展中不平衡、不协调、不可持续的突出问题出发，我们要着力推动区域协调发展、城乡协调发展、物质文明和精神文明协调发展，推动经济建设和国防建设融合发展。坚持协调发展，必须牢牢把握中国特色社会主义事业总体布局，正确处理发展中的重大关系，重点促进城乡区域协调发展，促进经济社会协调发展，促进新型工业化、信息化、城镇化、农业现代化同步发展，在增强国家硬实力的同时注重提升国家软实力，不断增强发展整体性。增强发展协调性，必须在协调发展中拓宽发展空间，在加强薄弱领域中增强发展后劲。推动区域协调发展，塑造要素有序自由流动、主体功能约束有效、基本公共服务均等、资源环境可承载的区域协调发展新格局。

习近平总书记2016年1月18日在省部级主要领导干部学习贯彻十八届五中全会精神专题研讨班上讲道：“绿色发展，就其要义来讲，是要解决好人与自然和谐共生问题。人类发展活动必须尊重自然、顺应自然、保护自然，否则就会遭到大自然的报复，这个规律谁也无法抗拒。”坚持绿色发展，必须坚持节约资源和保护环境的基本国策，坚持可持续发展，坚定走生产发展、生活富裕、生态良好的文明发展道路，加快建设资源节约型、环境友好型社会，形成人与自然和谐发展的现代化建设新格局，推进美丽中国建设，为全球生态安全做出新贡献。促进人与自然和谐共生，构建科学合理的城市化格局、农业发展格局、生态安全格局、自然岸线格局，推动建立绿色低碳循环发展产业体系。

"我国30多年来的发展成就得益于对外开放。一个国家能不能富强，一个民族能不能振兴，最重要的就是看这个国家、这个民族能不能顺应时代潮流，掌握历史前进的主动权。"[23]坚持开放发展，必须顺应我国经济深度融入世界经济的趋势，奉行互利共赢的开放战略，发展更高层次的开放型经济，积极参与全球经济治理和公共产品供给，提高我国在全球经济治理中的制度性话语权，构建广泛的利益共同体。开创对外开放新局面，必须丰富对外开放内涵，提高对外开放水平，协同推进战略互信、经贸合作、人文交流，努力形成深度融合的互利合作格局。

"'治国有常，而利民为本。'以人民为中心的发展思想，不是一个抽象的、玄奥的概念，不能只停留在口头上、止步于思想环节，而要体现在经济社会发展各个环节。要坚持人民主体地位，顺应人民群众对美好生活的向往，不断实现好、维护好、发展好最广大人民根本利益，做到发展为了人民、发展依靠人民、发展成果由人民共享。共享理念实质就是坚持以人民为中心的发展思想，体现的是逐步实现共同富裕的要求。"[24]坚持共享发展，必须坚持发展为了人民、发展依靠人民、发展成果由人民共享，做出更有效

近年来，我国政府高度重视公共文化设施建设及管理使用，大力建设全社会的公共文化服务体系，努力使全体人民共享发展成果。图为宁夏回族自治区泾源县兴盛乡新旗村的农家书屋内，放暑假的孩子们在浏览自己感兴趣的图书

的制度安排，使全体人民在共建共享发展中有更多获得感，增强发展动力，增进人民团结，朝着共同富裕方向稳步前进。按照人人参与、人人尽力、人人享有的要求，坚守底线、突出重点、完善制度、引导预期，注重机会公平，保障基本民生，实现全体人民共同迈入全面小康社会。

(三)社会主义核心价值观中的“文明”

社会主义核心价值观中的“文明”,主要是文化领域的目标,就是要建设中国特色社会主义先进文化。“文化的力量,或者我们称之为综合竞争力的文化软实力,总是‘润物细无声’地融入经济力量、政治力量、社会力量之中,成为经济发展的‘助推器’、政治文明的‘导航灯’,社会和谐的‘黏合剂’。”[25]因此,文化的力量不可小觑,建设中国特色社会先进文化,对于物质文明、政治文明、社会文明、生态文明都有着不可估量的推动作用。

诚然,精神文明是以物质文明为基础的,精神文明反过来影响物质文明建设,并为其发展提供精神动力和智力支持。这其中的关键就在于,文化对劳动者的素质有着深层的影响,“文化是由经济决定的,经济力量为文化力量提供发挥效能的物质平台。然而,任何经济又离不开文化的支撑:文化赋予经济发展以深厚的人文价值,使人的经济活动与动物的谋生行为有质的区别;文化赋予经济发展以极高的组织效能,促进社会主体间的相互沟通和社会凝聚力的形成;文化赋予经济发展以更强的竞争力,先进文化与生产力中最活跃的人的因素一旦结合,劳动力素质会得到极大的提高,劳动对象的广度和深度会得到极大的拓展,人类改造自然、取得财富的能力与数量会成几何级数增加”。[26]

先进文化作为社会主义精神文明建设的核心内容，对于政治文明建设也有着凝聚人心的作用。“文化力量对政治制度、政治体制的导向和引领作用十分明显。一定社会的文化环境，对生活其中的人们产生着同化作用，进而化作维系社会、民族的生生不息的巨大力量。要化解人与自然、人与人、人与社会的各种矛盾，必须依靠文化的熏陶、教化、激励作用，发挥先进文化的凝聚、润滑、整合作用。”[27]所以，“文明”作为社会主义核心价值观国家层面的目标之一，就是以建设社会主义的先进文化为根本途径的，同时为其他方面的建设提供重要精神动力。

注释

①②[德]马克思，恩格斯.马克思恩格斯选集：第4卷[M].北京：人民出版社，1995：24，104.

③冯契.哲学辞典.分类修订版[M].上海：上海辞书出版社，2007：207—208.

④邓小平.邓小平文选：第3卷[M].北京：人民出版社，1993：28.

⑤[德]马克思，恩格斯.马克思恩格斯选集：第2卷[M].北京：人民出版社，1995：32—33.

⑥江泽民.江泽民文选：第3卷[M].北京：人民出版

社,2006:200.

⑦李超民.大国崛起之谜:美国常平仓制度的中国渊源[M].北京:中央编译出版社,2014:前言.

⑧⑨[俄]谢尔盖·列昂尼德维奇·齐赫文斯基,等.俄罗斯友人看中国[M].王宗琥,李玉萍,邢淑,译.北京:世界知识出版社,2013:11,12.

⑩⑪费孝通.中国文化的重建[M].上海:华东师范大学出版社,2014:79,85.

⑫梁漱溟.中国文化的命运[M].北京:中信出版社,2013:35—36.

⑭[德]马克思,恩格斯.马克思恩格斯文集:第1卷[M].北京:人民出版社,2009:540—541,50.

⑮[德]马克思,恩格斯.马克思恩格斯文集:第2卷[M].北京:人民出版社,2009:50.

⑯[德]马克思,恩格斯.马克思恩格斯全集:第10卷[M].北京:人民出版社,1974:585.

⑰习近平.习近平总书记系列重要讲话读本[M].北京:学习出版社,人民出版社,2016:202.

⑱㉕㉖㉗习近平.之江新语[M].杭州:浙江人民出版社,2013:149.

⑲[德]马克思,恩格斯.马克思恩格斯全集:第3卷[M].北京:人民出版社,1960:544,143.

⑳[德]马克思,恩格斯.马克思恩格斯全集:第1卷[M].北京:人民出版社,1960:143.

㉑㉒㉓㉔习近平.在省部级主要领导干部学习贯彻党的十八届五中全会精神专题研讨班上的讲话[N].人民日报,2016-05-10(02).

第四章　社会、生态的和谐是社会主义的本质属性

2008 年 8 月 8 日，第 29 届夏季奥运会在北京拉开序幕。随着画外音的解说，电视画面也呈现出了一个个令人印象深刻的画面……在北京奥运会开幕式上“汉字篇”的表演中，通过活字印刷术，表演者们展现了三个不同字体的“和”字，向全世界观众解读了中华民族的文明历史进程。

画外音解说词如下：

女：中国汉字是世界上最古老的文字之一，古老的汉字承载着中华文明久远深邃的历史。在这一篇章的表演中，我们将看到中国汉字的变化魅力。

男：此刻，孔子的三千弟子手持竹简高声吟诵，款款步入场地。《论语》中的经典名句响彻耳畔。

女：70 米长的画卷上出现了巨幅竹简，向世人呈现中国古代最早的书籍形式。

男：完整的巨幅画卷中间，魔幻般地出现了立体的活字印刷板。方块汉字凹凸起伏不断地变化。

女：整个活字印刷板如微风拂过，重峦叠嶂；如水波涌动，此消彼长。充满动感的表演，将为我们呈现中国汉字的演化过程。

男：活字印刷板中间出现了一个中国古代的“和”字。

第二个古体的“和”字出现。

此刻我们看到了现代字体的“和”。

女：一个“和”字荏苒千年，发展变化，表达了孔子的人文理念“和为贵”，彰显出中华民族的和谐观历史悠久，传统优良。

男：此刻，巨大的活字印刷板变化出万里长城的雄伟之姿。这座人类文明史上最伟大的建筑工程之一，是中国古代劳动人民勇气与智慧的结晶，象征中华民族坚强不屈的脊梁。

女：无数立体的桃花出现在活字印刷板的顶端，雄伟的长城形象逐渐被柔美的桃花覆盖，仿佛忽如一夜春风来，让人们瞬间置身于满园春色、和谐浪漫的桃花仙境，表达中国人热爱和平的美好心愿。

诚然，如解说词所言，“和”字的演变出现在了北京奥运会的开幕式当中，是向世界表达了中国的善意，同时也希望向世界传达中国人对于“和谐”世界的期许和向往。

一、和谐的内涵

在汉语词语“和谐”中，“和”与“谐”近义而有所不同：“和”表示不同声音、不同观点因相合拍、相融合而产生共鸣，强调诸异而致同；“谐”表示相同的声音、相同的观点因一致而统一，强调诸同而大同。“和”的统一性比“谐”更为丰富。汉字是意形合一的文字，所以从“和”“谐”两个字的字形来看，含义早已蕴含其中。“和”字是“禾”和“口”，“禾”在古代指“粟”，俗称“谷子”，是粮食的一种。“口”即“嘴”。“谐”字左边是“言”，右边是“皆”，即“全、都”之意。“和谐”从字形上可以理解为“有饭吃，有话语权”。所以，“和谐社会”就是“人人有饭吃，人人有话语权”。这也与我们讲的“和谐社会”的内涵一致。

（一）中国的“和合”文化

古语云：“保合太和，乃利贞。”“君子和而不同，小人同而不合。”“和实生物，同则不继。”中国人早就懂得了“和而不同”的道理。生活在约2500年前的中国史学家左丘明在《左传》中记录了齐国上大夫晏子关于“和”的一段话：“和如羹焉，水、火、醯、醢、盐、梅，以烹鱼肉。”“声亦如味，一气，二体，三类，四物，五声，六律，七音，八风，九歌，以相成也。”“若以水济水，谁能食之？若琴瑟之专一，谁能听之？”所以，中国传统文化中的辩证思维也蕴含其中。“和而不同”就包含着这种“统一”和“多样”的关系，而非没有矛盾。

习近平总书记说：“我们的祖先曾创造了无与伦比的文化，而‘和合’文化正是这其中的精髓之一。‘和’指的是和谐、和平、中和等，‘合’指的是融合、联合等。这种‘贵和尚中、善解能容，厚德载物、和而不同’的宽容品格，是我们民族所追求的一种文化理念。自然与社会的和谐，个体与群体之间的和谐，我们民族的理想正在于此，我们民族的凝聚力、创造力也正基于此。”①

可以说，中国传统文化中的“和合”文化至今仍影响深远。中国人讲求协调和睦、中正仁和、和平共处。“致中和，天地位焉，万物育焉”，即不偏不倚，适可而止，方致中和。“执中和而原其终始，即位安而万物定矣”，这种“中和”不是当“老好人”“和稀泥”，而是坚持原则，不温不火，不随波逐流。所以，“心和则气和，气和则形和，形和则声和，声和则天地之和应矣”。也就是言行一致，同心同德，最终才能实现安定和谐。从中国的现实制度来看，“一国两制”的制度设计其实就是“和合”文化的现实映照。

（二）“和谐”的含义

“和谐”二字最早同时出现，是在《管子·兵法》的“和合故能谐”。这位春秋时期的齐国名相管仲认为：“养兵以道，能使军队内部和谐；养兵以德，能实现军队内部团结。军队和睦团结了，行动就能协调一致；全军上下行动协调一致，作战就能无往而不利。”[②]这里的“和谐”含有和睦团结之意。中国传统文化十分看重“以和为贵”，就是要达到和谐、协调、融合的状态。

“和谐”从本义上解释，是指矛盾着的双方在一定条件下达到统一而出现的状态。“和谐”的状态，即是自然界内部、人与人、人与社会、人与自然之间以及社会内部诸要素之间实现均衡、稳定、有序，相互依存，共生共荣。这是一种动态中的平衡、发展中的协调、进取中的有度、多元中的一致、“纷乱”中的有序。琴瑟和鸣，黄钟大吕，这是音律中的和谐；青山绿水，山峦峰谷，这是自然的和谐；天有其时，地有其财，人有其治，天人合一，这是人与自然的和谐；尊老爱幼，夫妻和睦，邻里团结，谅解宽容，与人为善，这是人与人之间的和谐；社会各个阶层、各个行业相互平等、相互依赖，社会各种组织兼容而不冲突、协作而不对立、制衡而不掣肘、有序而不混乱，这是社会分工和社会内部的和谐。中国传统文化中的“和而不同”“求同存异”的思想，颇能体现和谐的深刻内涵，和谐而又不千篇一律，不同而不相互冲突，和谐以共生共长，不同以相辅相成。

中国古代的"和谐"也分为四个层面，由低向高，推己及人。第一，倡导人与自我的和谐。"君子守中和之心，养中和之气。""凡四气合德，四神安和，一气不调，百一病生。"第二，倡导人与人的和谐。"人不独亲其亲，不独子其子，使老有所终，壮有所用，幼有所长，矜寡孤独废疾者，皆有所养。""老吾老以及人之老，幼吾幼以及人之幼。"第三，倡导人与自然的和谐。"万物各得其和以生，各得其养以成。""万物并育而不相害，道并行而不相悖。"第四，追求国家的和平稳定。"天地和则万物生，君臣和则国家平。""天时不如地利，地利不如人和。"而且国家的"和谐"至关重要。"不和于国，不可以出军；不和于军，不可以出阵；不和于阵，不可以进战；不和于战，不可以决胜。"

美国学者、"北京共识"之父乔舒亚·库珀·雷默曾用"淡色中国"来形容当前中国的形象。他认为，"淡"就是融合"水"和"火"的矛盾结合体，"淡"也把"水"和"火"这两种矛盾的东西融合到了一起，使这两种对立的东西成为一种和谐，这就是当前中国追求的目标，也是中国传统的精神价值。"淡色中国"也可以用来解释为何中国社会存在着相互对立的东西，却能安然无恙，这就是中国传统文化"和而不同"的精华所在。《欧洲时报》的社论也曾指出，在中国国内提出建设社会主义和谐社会之后，中国在国际交往中提倡的“和谐世界”，也在逐渐成为中国的亮点。而我国政府倡导“和谐世界”也是希望国与国之间互相尊重，相互包容，求同存异，和平相处。

二、和谐社会：人与社会、人与人的和谐

1935 年，我国地理学家胡焕庸首次提出“瑷珲—腾冲线”的概念。他提出这一概念的主要根据是 1933 年他发表的《中国人口密度图》。这条“瑷珲—腾冲线”是一条人口地理的分界线，北起黑龙江省瑷珲，南至云南省腾冲，大致为倾斜 45°的基本直线。以这条线为界，约有 96%的人口居住在约占全国土地面积 36%的东南部地区，约 4%的人口居住在约占全国土地面积 64%的西北部地区。

这条分界线同时也是自然地理的分界线。它基本上和我国 400 毫米等降水量线重合，两边地理、气候迥异，所以它不仅是我国人口地理分界线，也是我国自然地理分界线。线的东南方以平原、水网、丘陵、喀斯特和丹霞地貌为主要地理结构；线的西北方人口密度极低，是草原、沙漠和雪域高原的世界。

此外，这条线也是历史地理分界线、文明分界线。以此线为界，东部是农耕的、宗法的、科举的、儒家的，可以说

是大多数人理解的传统中国；而它的西部则是游牧或狩猎民族，是部族的、血缘的、有着多元信仰和生活方式的非儒教中国。以北方为例，大多数蒙古族人都信仰萨满教；以新疆为例，伊斯兰教是那里的主流；以西藏为例，佛教在那里已有几千年的历史。在1956年以前，这条人口地理的分界线以两端的城市瑷珲和腾冲命名。1956年11月，“瑷珲”县改为“爱辉”县，分界线名称也随之变更。1983年4月，爱辉县被撤销，并入黑河市，分界线名称便变成了“黑河—腾冲”线，并沿用至今。

80多年过去了，虽然西部地区的人口有大幅增长，但是这条地理分界线仍主宰着我国东西部的人口地理分布，西部依然地广人稀，与东部相比经济欠发达。这样的人口、资源的地理分布的基本情况，足以证明我国在地区间资源、人口的不均衡，而且这种“不均衡”也对我国的历史文化传统的形成产生了重要影响，最终在一定程度上促成了我国各民族的和衷共济、和谐相处的局面。无论是改革开放之后邓小平提出的“两个大局”的思想，还是如今的“西部大开发”“京津冀一体化”等，这些发展战略设想都是源于我们希望构建和谐社会，从而缓解人与自然、社会之间的矛盾，协调发展，统筹兼顾，这是构建社会主义和谐社会的应有之义。

(一)社会主义和谐社会属于科学社会主义的范畴

和谐社会是人类对于美好社会状态的一种设想、一种描绘、一种社会理想。和谐社会就是人与自然、人与社会、人与人之间和谐统一与协调发展的社会。马克思主义设想的“和谐社会”就是实现人的全面而自由的发展,但是要真正达到这一目标,需要通过消灭私有制来实现消灭三大差别。恩格斯说:“消灭城乡对立不是空想,不多不少正像消除资本家与雇佣工人的对立不是空想一样。消灭这种对立日益成为工业生产和农业生产的实际要求。……只有使人口尽可能地平均分布于全国,只有使工业生产和农业生产发生紧密的联系,并适应这一要求使交通工具也扩充起来——同时这要以废除资本主义生产方式为前提——才能使农村人口从他们数千年来几乎一成不变地在其中受煎熬的那种与世隔绝的和愚昧无知的状态中挣脱出来。断定人们只有在消除城乡对立后才能从他们以往历史所铸造的枷锁中完全解放出来,这完全不是空想。”③只有消灭了这三大差别,才有可能实现人与社会的和谐。诚然,这样的目标我们不可能一下子实现,但是我们正在朝这个目标努力。当前我们进行全面深化改革的目标之一就是统筹城乡之间教育、医疗、住房等资源配置的均衡,形成合理有序的收入分配格局,建立更加公平可持续的社会保障制度，深化医药卫生体制改革，实现发展成果更多更公平地惠及全体人民。

只有实现人的全面而自由的发展，才能真正实现人与人、人与自我的和谐。当生产力不够发达时，生存的基本需要必然成为人的第一需要。如果人整日忙于生计，生计的时间在人的生命过程中就占去大半，那么人就不可能有多少闲暇去培养自己的爱好，“全面而自由的发展”也就无法实现。所以，马克思说：“个人得到自由发展，因此，并不是为了获得剩余劳动而缩减必要劳动时间，而是直接把社会必要劳动时间压缩到最低限度，那时，与此相适应，由于给所有人腾出了时间和创造了手段，个人会在艺术、科学等方面得到发展。”④也只有当人的生存和发展的需求都得到满足，人才能摆脱“片面发展”的状态，使个性得到充分尊重，自由发展，才有可能达到人与人、人与自我的和谐状态。习总书记说：“人，本质上就是文化的人，而不是‘物化’的人；是能动的、全面的人，而不是僵化的、‘单向度’的人。人类不仅追求物质条件、经济指标，还要追求‘幸福指数’；不仅追求自然生态的和谐，还要追求‘精神生态’的和谐；不仅追求效率和公平，还要追求人际关系的和谐和精神生活的充实，追求生命的意义。”⑤我们构建社会主义和谐社会，就是希望在追求公平正义的同时，提升人民的幸福感，强调以保障和改善民生为重点也源自于此。虽

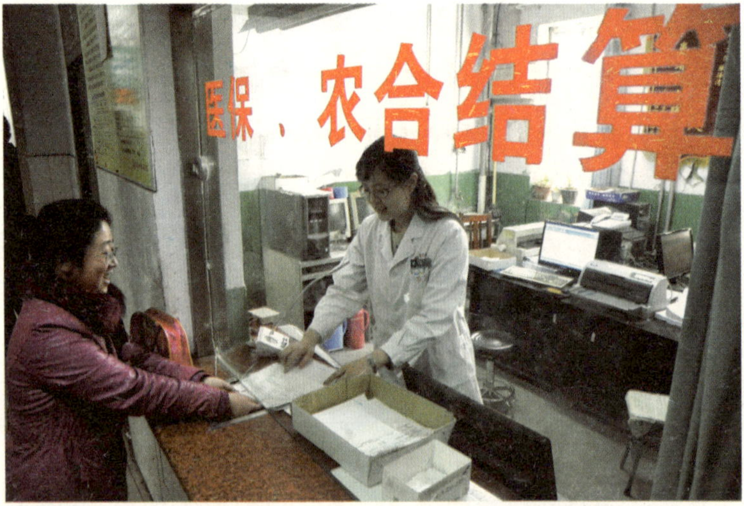

建立和完善新农村合作医疗制度，增强了农民抵御大病风险的能力，保护了农民的身体健康，促进了农村经济发展和社会稳定，对构建社会主义和谐社会具有重大意义。图为一名妇女在河北省邯郸市第二医院办理“新农合”报销手续

然社会主义初级阶段，我们的生产力目前达不到那么高的水平。需要长期发展的成果积累，才能够为实现人的全面而自由的发展提供充足的物质基础。但是，我们以此为最高目标进行社会建设，就是坚持了科学社会主义的根本原则。

所以，我们党提出的社会主义和谐社会，属于科学社会主义的范畴，既不是封建式的“田园牧歌”，也不是空想社会主义的“乌托邦”，更不是现代资本主义式的“获利社会”。构建社会主义和谐社会,必须着眼于整体来规划,涵盖“民主法治、公平正义、诚信友爱、充满活力、安定有序、人与自然和谐相处”这些基本特征;必须着眼于长远来谋划,既坚定信心,积极推进,又不操之过急、急于求成、刮风攀比;必须着眼于制度来谋划,建立健全正确引导发展的激励机制、顺达通畅的利益表达和协调机制、全面覆盖的社会管理和社会整合机制,有效疏导和化解人民内部矛盾的机制。

(二)社会和谐是中国特色社会主义的本质属性

社会和谐是中国特色社会主义的本质属性。和谐社会不是没有矛盾的社会。社会总是在解决矛盾中不断前进的。维护社会稳定、构建和谐社会,就是不断化解这些不稳定、不确定、不安定因素的过程,就是最大限度地减少不和谐因素、最大限度地增加和谐因素的过程。

当前,我国经济体制深刻变革,社会结构深刻变动,利益格局深刻调整,思想观念深刻变化。这样空前的社会变革,在给中国带来巨大活力的同时,也必然带来这样那样的矛盾和问题。我国社会主义初级阶段的主要矛盾仍是人民日益增长的物质文化需要同落后的社会生产之间的矛盾。这种矛盾并非对抗性矛盾,所以我们必须通过全面深化改革,解放和发展生产力来化解矛盾。构建和谐社会就是要直面和解决这些问题。发展中不平衡、不协调、不可持续问题依然突出,城乡区域发展差距和居民收入分配差距依然较大,教育、就业、社会保障、医疗、住房、生态环境、食品药品安全、安全生产、社会治安、执法司法等关系群众切身利益的问题较多。加之近年来,我国正处在增长速度换档期、结构调整阵痛期、前期刺激政策的消化期,经济工作遇到不少两难甚至多难问题,需要远近结合,趋利避害,有效应对。这些成绩,都是在我国经济总量超过60万亿元的高基数上取得的。现在国内生产总值每增长1个百分点的增量,相当于5年前1.5个百分点、10年前2.5个百分点的增量。经济规模越大,增长难度随之增加。在这样的形势下,增进民生福祉,促进社会和谐稳定,就显得尤其重要,因为这关系到政局稳定、民心向背的根本问题。

社会和谐是中国特色社会主义的根本原则,所以必须团结一切可以团结的力量,最大限度增加和谐因素,增强社会创造活力,确保人民安居乐业,社会安定有序,国家长治久安。构建和谐社会,就是坚持一切从实际出发,正确认识和妥善处理中国特色社会主义事业中的重大关系,统筹改革发展稳定、内政外交国防、治党治国治军各方面工作,统筹城乡发展、区域发展、经济社会发展、人与自然和谐发展、国内发展和对外开放,统筹各方面利益关系,充分调动各方面积极性，努力形成全体人民各尽其能、各得其所而又和谐相处的局面。

马克思有一句名言："问题就是公开的、无畏的、左右一切个人的时代声音。问题就是时代的口号，是它表现自己精神状态的最实际的呼声。"

习总书记说："众所周知，每个时代总有属于它自己的问题，只要科学地认识、准确地把握、正确地解决问题，就能够把我们的社会不断推向前进。构建和谐社会就是一个解决这些时代问题的持续过程。我们国家发展的阶段性特征，决定了我们在和谐社会建设过程中面临着许多与别的时代、别的国家所不同的社会问题。特别是现阶段就业、社会保障、协调发展、收入分配、安全生产、社会治安等与群众切身利益关系比较密切的问题还比较突出……只有立足于时代去解决特定的时代问题，才能推动这个时代的社会进步；只有立足于时代去倾听这些特定的时代声音，才能吹响促进社会和谐的时代号角。"⑥

（三）社会主义核心价值观中的"和谐"

社会主义核心价值观中的"和谐"是社会建设和生态文明建设的价值目标。社会建设是建设中国特色社会主义总布局的重要组成部分，也是国家富强、民族振兴、人民幸福的重要保证。

党的十八大也指出，加强社会建设，就是要以保障和改善民生为重点。人民对于美好生活的向往，就是我们的奋斗目标。所以，构建和谐社会的着力点就是要总体实现基本公共服务均等化，全民受教育程度和创新人才培养水平明显提高，进入人才强国和人力资源强国行列，教育现代化基本实现，就业更加充分，收入分配差距缩小，中等收入群体持续扩大，扶贫对象大幅减少。社会保障全民覆盖，人人享有基本医疗卫生服务，住房保障体系基本形成，社会和谐稳定。在中国特色社会主义总布局中，以和谐社会建设为推动力，整体推进经济建设、政治建设、文化建设、生态文明的向前发展。换言之，经济建设、政治建设、文化建设所取得的任何成就，都会在一定程度上增进社会和谐。反过来，如果其他几个方面的建设有任何一方面出问题，都有可能失去我们当前和谐稳定的局面。

“人民内部矛盾是现阶段影响社会稳定的主要因素。”[7]时过境迁，当前影响社会和谐稳定的人民内部矛盾仍然集中表现在民生建设领域。而这些民生问题的根本解决，既依赖于经济的发展，也依赖于政治上层建筑的制度设计，需要以文化育和谐，建设社会主义和谐文化也是社会主义和谐社会的重要保证和根本要求。

三、生态文明：人与自然的和谐相处

2010年，奥巴马访问澳大利亚前夕，在白宫接受了澳大利亚电视台的采访。针对中国的迅速发展，奥巴马通过电视镜头向全世界明确宣布：如果10多亿中国人口也过上与美国和澳大利亚同样的生活，那将是人类的悲剧和灾难，地球根本承受不了，全世界将陷入非常悲惨的境地。美国并不想限制中国的发展，但中国在发展的时候要承担起国际上的责任。中国人要富裕起来可以，但中国领导人应该想出一个新模式，不要让地球无法承担。

这段话在网络上广为流传。有些人大骂，认为美国人是“站着说话不腰疼”。有些人赞成，因为和美国相比，我们的人口基数确实太大了，如果13亿人都开车，路上会更堵，雾霾会更严重。虽然我们不可能马上过上“美式”生活，但是不代表我们不可以追求一种节约资源、富足但不浪费的“中式”生活。

改革开放30多年，很多国人在观念上也出现了一种“美国化”的趋势，对“美式”生活充满向往。“美式”生活又是什么标准呢？面积超大的房子；排气量超大，个头也大的汽车；超足分量的快餐；“寅吃卯粮”的消费……这样标榜“大”即是“好”的生活方式，已然成为国人心中美好生活的“代名词”。仔细算来，美国所排放的二氧化碳量占全球排放量的1/4，是人均碳排放量第一的国家，也是唯一没有签订《京都议定书》的发达国家。

为了21世纪的地球免受气候变暖的威胁，《联合国气候变化框架公约》缔约方大会于1997年12月在日本京都召开大会，并通过了《京都议定书》。议定书规定，在2008年到2012年，发达国家温室气体排放量要在1990年的基础上平均削减5.2%，其中最大排放国美国削减7%，欧盟各国削减8%，日本削减6%，加拿大削减6%；新西兰、俄罗斯和乌克兰可将排放量稳定在1990年的水平上。这一协议被称为人类“为防止全球变暖迈出的第一步”，也是人类历史上第一个为发达国家规定减少温室气体排放的法律文件。《京都议定书》需要占全球温室气体排放量55%以上的至少55个国家批准，才能成为具有法律约束力的国际公约。中国于1998年5月签署并于2002年8月核准了该议定书。欧盟及其成员国于2002年5月31日正式批准了《京都议定书》。

美国作为一个油气资源大国，石油的存贮量高于中国，同时又是石油能源消耗大国，世界上油价较低的国家之一。众所周知，美国低油价的背后成本却是由全世界承担的。两次石油危机并没有对所谓的“美式生活”产生什么深远的影响，而这种生活方式是建立在极高的能源消费基础之上的,美国的石油能源消耗几乎是欧洲的两倍。

实事求是地讲,我们确实不具有美国那样的资源优势,所以要迅速过上"美式"生活并不现实。对中国而言,有没有能力过上富裕的生活和愿不愿意过"美式"奢侈生活却是两回事。奥巴马的话在国人听来多少是有些"只许州官放火,不许百姓点灯"的意思。硬是要我们承认对于富裕的生活没有一丝"羡慕嫉妒恨",恐怕也不符合人的生存和发展需要,不符合社会发展的规律。我们嘴上全然唾弃这种"美式"生活,心里又会隐约暴露出我们那种"吃不到葡萄说葡萄酸"的微妙心态。有人计算过,目前中国的人均财富大致排名世界第 104 位,按照当前的"美式生活",中国的资源总耗至少要扩大 50 倍,随之而来的污染量无法想象。那我们应该用何种方式生活呢?

习近平总书记说:"人类社会在生产力落后、物质生活贫困的时期,由于对生态系统没有大的破坏,人类社会延续了几千年。而工业文明开始到现在仅三百多年,人类社会延续了几千年。而从工业文明开始到现在仅三百多年,人类社会巨大的生产力创造了少数发达国家的西方式现代化,但已威胁到人类的生存和地球生物的延续。西方工业文明是建立在少数人富裕、多数人贫穷的基础上的;当大多数人都要像少数富裕人那样生活,人类文明就将崩溃。当今世界都在追求的西方式现代化是不能实现的,它是人类的一个陷阱。”[8]

的确，对于我国而言，我们必须探索一条符合我国国情的、可持续发展的现代化道路。我们可以过一种富足但适可而止的生活，物尽其用，节约资源，不仅可以满足当代人的需求，还能使我们的子孙后代享用，为子孙后代留下天蓝、地绿、水清的生产生活环境。

（一）人与自然的和谐：农业文明的生存智慧

古训曰：“不枯泽而渔，不焚林而猎。”中国传统社会是典型的农业社会，而农业社会的典型智慧就是“靠山吃山，靠水吃水，顺应自然”。因此，中国的文化传统认为人是大自然的一部分，人应该尊重客观的自然规律，不能只顾眼前利益，不作长远打算。这也是由我国自给自足的小农经济基础决定的。“小农倚重的是人与自然的协同生产。自然被用来创建和壮大一种资源库。……小农通过对农业生产季节进行缜密的规划，使所有相关的活动都能够互相协调、配合，并且与作物的生成周期相适应。”[9]小农农业始终对自然怀有敬畏，所以对于其他生命也都抱着尊重的态度。“民吾同胞，物吾与也。”中国人将大自然当作自己生存的伙伴，讲究“天人合一”，所以看重的是与大自然的和平共处，而不是征服和被征服的关系。张岱年先生曾将中国的“天人合一”的基本思想概括为四个方面：第一，人是自然界的一部分，是自然系统不可缺少的要素之一；第二，自然界有普遍规律，人也服从这普遍规律；第三，人性即天道，道德原则和自然规律是一致的；第四，人生的理想是天人的调谐。这样的自然观对后世影响颇深，直至现代都有迹可循。[10]

2011 年由中央电视台拍摄的纪录片《舌尖上的中国》受到了社会各界的热捧，片中不仅展示了中华的饮食文化，也充分展示了中国饮食文化背后中国传统的自然观。《舌尖上的中国》第一季第一集就是《大自然的馈赠》，片中提及一个关于松茸的故事："香格里拉，松树和栎树自然杂交林中，卓玛寻找着一种精灵般的食物——松茸。松茸保鲜期只有短短的两天，商人们以最快的速度对松茸进行精致的加工，这样一只松茸 24 小时之后就会出现在东京的市场中。松茸产地的凌晨 3 点，单珍卓玛和妈妈坐着爸爸开的摩托车出发。穿过村庄，母女俩要步行走进 30 公里之外的原始森林。雨让各种野生菌疯长，但每一个藏民都有识别松茸的慧眼。松茸出土后，卓玛立刻用地上的松针把菌坑掩盖好。只有这样，菌丝才可以不被破坏。为了延续自然的馈赠，藏民们小心翼翼地遵守着山林的规矩。"

今天，这些顺应自然、尊重自然的生存智慧，在我国的一些偏远地区反而得以保存和传承。而越是经济发达、商业繁荣的城市，这种古老的生存智慧、生活方式反而越被人遗忘了。恩格斯说："我们绝不像征服者统治异族人那样支配自然界，绝不是站在自然界之外的人似的去支配自然界——相反，我们连同我们的肉、血和头脑都是属于自然界和存在于自然界之中的；我们对自然界的整个支配作用，就在于我们比其他一切生物强，能够认识和正确运用自然规律。"[11]诚然，我们不可能回到小农经济时代，如今我们倡导人与自然的和谐相处，提倡尊重自然、顺应自然、保护自然的观念，都是在社会主义公有制的前提下进行的，将保护生态环境与保护生产力，将改善生态环境与发展生产力相统一。我们追求的是遵循自然规律，在资源环境可承受的范围内，建设生产发展、生活富裕、生态良好的文明社会。

（二）现代工业化发展带来的生态危机

西方国家对于现代工业文明引发生态问题的种种反思，始于20世纪60年代的一本书——《寂静的春天》，作者蕾切尔·卡森是一位海洋生物学家。她在书中开头部分讲述了美国中部的一个原本美丽安静小镇，随着人类的到来以及使用DDT（双对氯苯基三氯乙烷）这种农药，这里的春天不再鲜花盛开、百鸟齐鸣，取而代之的是"寂静的春天"。而这样的"寂静的春天"却是令人生畏、令人绝望的……书中写道：

一些不祥的预兆降临到村落里：神秘莫测的疾病袭击了成群的小鸡；牛羊病倒和死亡。到处是死亡的阴影。农夫们述说着他们家人的疾病。城里的医生也愈来愈为他们病人中出现的新的疾病感到困惑。不仅在成人中，而且在孩子中出现了一些突然的、不可解释的死亡现象，这些孩子在玩耍时突然倒下，并在几小时内死去。

一种奇怪的寂静笼罩着这个地方。比如说，鸟儿都到哪儿去了呢？许多人谈论着鸟儿，感到迷惑和不安。园后鸟儿寻食的地方冷落了。在一些地方仅能见到的几只鸟儿也气息奄奄，它们战栗得很厉害，飞不起来。这是一个没有声息的春天。……

不是魔法，也不是敌人的活动使这个受损害的世界的生命无法复生，而是人们自己使自己受害。[12]

《寂静的春天》被看作现代环保运动的肇始，而此书之所以有这样的影响和地位，还在于书中同时作出了呼吁，呼吁人类改变人对于自然界的态度，重新审视人类社会发展的道路：

我们长期来一直行驶的这条道路使人容易错认为是一条舒适的、平坦的超级公路，我们能在上面高速前进。实际上，在这条路的终点却有灾难在等待着。这条路的另一个岔路——一条“人迹罕至”的岔路——为我们提供了最后唯一的机会让我们保住我们的地球。归根到底，要靠我们自己做出选择。如果在经历了长期忍受之后我们终于坚信我们有“知道的权利”，如果我们由于认识提高而断定我们正被要求去从事一个愚蠢而吓人的冒险，那么有人叫我们用有毒的化学物质填满我们的世界，我们应该永远不再听取这些人的劝告；我们应当环顾四周，去发现还有什么别的道路可使我们通行。[13]

人类进入工业化时代以后，生产效率得到了大幅的提高，相应付出的生态环境成本，却在相当长一段时间里并未得到足够的重视。直至20世纪六七十年代发达国家出现了环境污染带来的生态危机。这些国家无一例外地经过了这样一个过程：随着工业化程度的提高，环境污染也随之加重，然后通过技术手段来解决环境污染，进行产业结构升级，将高污染的产业向落后地区转移，开拓新的生存空间，比如殖民地。但是这些办法在中国并不适用。第一，我们是社会主义国家，不可能通过殖民的方式增加生存的空间；第二，我国的人口太多，多到比所有发达国家加起来的人口还多，单靠国家层面主导实现产业结构升级，环境问题不可能得到有效遏制。

时至今日,很多国人依然对西方便捷、舒适甚至奢华的生活方式充满向往,为了生存发展的需要,我们必然要行走在工业化的高速公路上,但是保持何种方式、何样速度,是我们可以斟酌的,可以选择的。对于我们这样后发的工业国家而言,实现“可持续发展”是必不可少的。

1972 年,《增长的极限》第 1 版出版,书中首次提出了“可持续发展”的概念。1992 年,在来自 70 多个国家的 1600 名科学家,其中包括 102 名诺贝尔奖得主,签署的《世界科学家对人类的警告》的报告中得到了回应:“人类和自然界正处在冲突之中。人类活动对环境和重要资源带来严重并且经常是不可修复的破坏。如果不加以阻止,我们目前的许多行为会对我们所期望的人类社会、地球和动物王国的未来带来严重威胁,并将改变人类生活的世界,以致无法按照我们所知道的方式延续生命。如果要避免我们目前进程所带来的冲突,就迫切需要一个根本性的改变。”

2012 年,《增长的极限》第 3 版(中文版)出版,书的结尾处明确提出:“可持续、有效率、充裕、平等、美好和共有是全社会最高的价值观。保持生态系统的多样性,人类文明与生态系统和谐共生,因而自然界和文明都具有高度的多样性,并且人类欣赏这种多样性。政治架构能保持短期考虑和长期考虑的平衡；为了我们的子孙后代，现在就以某种形式施加政治压力。”[14]不难看出，这些理念与我国当前建设生态文明的诸多理念是契合的。

2015年11月30日，习近平主席在气候变化巴黎大会开幕式上说：“‘万物各得其和以生，各得其养以成。’中华文明历史强调天人合一，尊重自然。面对未来，中国将把生态文明建设作为‘十三五’规划重要内容，落实创新、协调、绿色、开放、共享的发展理念，通过科技创新和体制机制创新，实施优化产业结构、构建低碳能源体系、发展绿色建筑和低碳交通、建立全国碳排放交易市场等一系列政策措施，形成人和自然和谐发展现代化建设新格局。中国在‘国家自主贡献’中提出将于2030年左右使二氧化碳排放达到峰值，并争取尽早实现，2030年单位国内生产总值二氧化碳排放比2005年下降60%~65%，非化石能源占一次能源消费比重达到20%左右，森林蓄积量比2005年增加45亿立方米左右。虽然需要付出艰苦的努力，但我们有信心和决心实现我们的承诺。”[15]

（三）促进人与自然和谐，坚持绿色发展理念

工业化的发展，使得人类骄傲、沉迷于对大自然的征服，逐渐形成了“人类中心主义”的工业文明。恩格斯早在《自然辩证法》中就提醒过我们。他认为，人通过他所做出

的改变来使自然界为自己的目的服务，来支配自然界。这是我们人类对自然界的胜利。但是“对于每一次这样的胜利，自然界都对我们进行报复。每一次胜利，起初确实取得了我们预期的结果，往后和再往后却发生完全不同的、出乎预料的影响，常常把最初的结果又消除了”。

果然，高度的工业文明在给人类带来便捷生活的同时也给人类敲响了警钟。进入新世纪之后，中国的生态问题才逐渐引起全社会的重视。从始于20世纪末盘踞在北方的沙尘暴，到2003年肆虐全国的SARS病毒，再到如今全社会都异常关注的PM2.5，说到底，都是当代中国发展中出现的生态问题。

其中，2003年的“非典”事件可以说是个转折点。在“非典”肆虐中国大地之后，我们党痛定思痛，概括了战胜“非典”的重要启示，同时也总结了20多年来我国改革开放和现代化建设的成功经验，吸取了世界上其他国家在发展进程中的经验教训，提出了科学发展观。2013年2月1日，即将卸任的温家宝总理在《求是》上发表文章，其中提到“‘非典’疫情以及由此引发的我们治国理政理念的转变和一系列重大经济社会政策的调整，无论是对我国经济社会发展来说，还是对政府改革和建设来说，都是一件具有标志性意义的大事”。而“我们治国理政理念的转变”，就是从科学发展观的提出开始的。之所以提出科学发展观，就是希望可以避免走西方先污染后治理的老路。这既继承了中国传统文化中的生存智慧，也吸取了西方发达国家在发展过程中的经验教训。

党的十八届五中全会提出，坚持绿色发展，必须坚持节约资源和保护环境的基本国策，坚持可持续发展，坚定走生产发展、生活富裕、生态良好的文明发展道路，加快建设资源节约型、环境友好型社会，形成人与自然和谐发展的现代化建设新格局，推进美丽中国建设，为全球生态安

近年来，我国从践行环境友好型社会的高度，制定了相关法律法规，大力开展湿地保护工作，建设生态文明，促进人与自然的和谐发展。图为生态修复后的巢湖生态湿地

全做出新贡献。促进人与自然和谐共生，构建科学合理的城市化格局、农业发展格局、生态安全格局、自然岸线格局，推动建立绿色低碳循环发展产业体系。要坚持绿色发展，走生产发展、生活富裕、生态良好的文明发展道路。将生态文明建设放在突出地位，要把它融入经济建设、政治建设、文化建设、社会建设的各方面。坚持科学协调发展，正确梳理好经济发展同生态环境保护的关系，牢固树立保护生态环境就是保护生产力、改善生态环境就是发展生产力的理念，更加自觉地推动绿色发展、循环发展、低碳发展，绝不以牺牲环境为代价去换取一时的经济增长。这是当前我国促进人与自然和谐相处的指导方针。

严格来讲，真正实现人与自然的和谐相处，涉及三类问题：资源短缺问题、环境污染问题、生态破坏问题。而在当前的中国，这三类问题带来的挑战都是存在的。长久以来，在很多国人印象中，我国地大物博，物产丰富。但是有一个不能忽视的基本国情，就是人口多的问题。人口众多，使得我国的人均资源拥有量远远低于世界人均资源拥有量，加上粗放式的发展方式仍然存在，消耗的资源量仍是巨大的。一些矿产资源，比如铜、铝、铅、锌等资源多依靠进口。人口基数大，必然产生极大的资源需求。所以，在国际市场上存在“中国买什么什么涨价，卖什么什么跌价”的现象。

在我国，要真正实现人与自然的和谐相处，首先要做的就是按照人口资源环境相均衡、经济社会生态效益相统一的原则，整体规划国土空间开发，科学布局生产空间、生活空间、生态空间，给自然留下更多修复空间。节约资源是保护生态环境的根本之策，良好的生态环境是人和社会持续发展的根本基础。而要真正走向社会主义生态文明的新时代，并非只靠政策规划执行，而是需要全社会的通力合作，相互配合。

推进生态文明建设，就是在全社会树立尊重自然、顺应自然、保护自然的生态文明理念，从观念上清醒认识保护生态环境、治理环境污染的紧迫性和艰巨性，清醒认识加强生态文明建设的重要性和必要性。建设生态文明，是关系人民福祉，关乎民族未来的事业。要建设美丽中国，实现中华民族的永续发展，需要从我们每个人做起。这既是社会主义核心价值观中“和谐”理念的应有之义，也是实现中华民族伟大复兴中国梦的应有之义。

注释

①⑤⑥⑦⑧习近平.之江新语[M]，杭州：浙江人民出版社，2007：150，235，275.

②《月读》编辑部，编.社会主义核心价值观经典名句实用手册[M].北京：中华书局，2015：93.

③[德]马克思,恩格斯.马克思恩格斯文集:第3卷[M].北京:人民出版社,2009:326.

④[德]马克思,恩格斯.马克思恩格斯全集:第31卷[M].2版.北京:人民出版社,1974:53.

⑨叶敬忠.发展的故事——幻想的形成与破灭[M].北京:社会科学文献出版社,2015:139.

⑩张岱年.中国文化精神[M].北京:北京大学出版社,2015:47—49.

⑪⑲[德]马克思,恩格斯.马克思恩格斯文集:第9卷[M].北京:人民出版社,2010:559—560.

⑫⑬[美]蕾切尔·卡森.寂静的春天[M].吕瑞兰,李长生,译.上海:上海译文出版社,2014:2—3,275—276.

⑭[美]德内拉·梅多斯,乔根·兰德斯,丹尼斯·梅多斯.增长的极限[M].李涛,王智勇,译.北京:机械工业出版社,2015.

⑮习近平.携手构建合作共赢、公平合理的气候变化治理机制[N].人民日报,2015-12-01(02).

第五章 千秋家国梦，实干才能梦想成真

一、我们应该自信

2016年年初，英国亨氏顾问公司公布了2016年全球享受免签政策国家排名。中国护照可享受免签政策的排名由2015年的93位升至87位，免签国家数量达到50个。也门的战乱让一本中国护照尤为珍贵。我国外交部部长王毅说："近年来中国护照的含金量随着中国国力的增强而不断提升，让同胞在海外更舒心、更安全，是中国外交义不容辞的职责。"

据环球军事网报道，2015年中国外交部为中国公民往来多国争取了更多便利，中国护照为海外中国同胞提供了如下服务：

(1)从局势动荡的也门安全撤离中国公民613人。2015年1月以来，也门安全局势急剧恶化。2015年3月

29 日到 4 月 6 日，中国派出临沂舰、潍坊舰、微山湖舰三艘军舰从也门撤出中国公民 613 人。这是中国海军舰艇首次靠泊外国港口直接执行撤离中国公民的任务。

（2）从特大地震发生后的尼泊尔接回 5685 名中方人员。2015 年 4 月 25 日，尼泊尔境内发生里氏 8.1 级地震，中国第一时间接运滞留尼泊尔的中国公民回国。有媒体评论，中国政府再次展示了维护国民安全的强大力量，赢得国人与国际社会的“点赞”。

（3）成功营救出在海外被绑架劫持的近 20 名同胞。2015 年 3 月，3 名中国公民在尼日利亚中南部省份科吉州被绑架。中国驻拉各斯总领馆表示，在 3 月 13 日凌晨接到中资企业有关 3 名员工被绑架的报告后，迅速启动应急机制，积极与当地政府和警方交涉，向绑匪施加压力，迫使绑匪尽早放人。

除了在重大突发事件中反应迅速，2016 年，中国外交部还在全球范围内妥善处理了近 6 万起涉及中国公民权益与安危的领事保护案件，让海外同胞感受到国家的有力保护。

外交部领事保护中心成立于 2014 年 9 月，全年无休地为海外中国公民提供 24 小时热线救助与咨询。热线主要用于在海外遭遇突发状况的紧急求助，重点在于“领事保护”，核心在于“应急”，同时兼顾常见领保和领事证件咨询服务。呼叫中心热线号码为 12308（备用号码为 59913991）。

中国护照除了在关键时刻带你“回家”，在送你“出门”方面，含金量也在逐步提升：（1）同法国、阿根廷等 16 个国家达成便利人员往来安排；（2）同加拿大就互发最长 10 年有效期的签证达成共识；（3）同欧盟就人员往来协议谈判路线图形成一致。

随着中国出境游的快速增长、对外合作的不断加深，走出国门的中国公民将越来越多，海外安全问题更加不容忽视。对此，王毅部长表示，外交部将同各有关部门一道，进一步加快推进海外民生工程建设，全力为中国公民及企业在海外的合法利益与生命财产安全保驾护航。如此一来，走出国门的同胞们，有了国家这个强大的后盾，便有了最起码的人身安全保障。心里有了底气，国人才能更愉快地旅游、学习和工作。

一本小小的护照，其实可以在国外为我们“撑腰”。护照是人们在世界各国行走的重要“通关文牒”，也是在异国重要的身份凭证。不要小看这本小小的护照，关键时刻它能体现一个国家的实力。中国护照的含金量不在于它能免签多少国家，而在于危急时刻能带你回家。一旦走出国门，个人与国家的联系会因为这本小小的护照变得更加紧密，个人的待遇也与国家的实力密不可分。因为祖国的强大，才是我们最坚实的后盾！

近些年，随着中国成为世界第二大经济体，国际地位也得到了一定提升。如今，全世界对于中国改革开放所取得的成就都给予了充分肯定，一些发展中国家十分看重"中国经验"。越南社会科学院中国研究所所长杜进森指出："中国做对了，我们就做对了。""胡志明说过，中国的革命已经照亮越南革命的道路。今天我们也可以套用这句话，中国的改革照亮了越南的革新之路。"巴基斯坦前总理基拉尼说道："中国是世界上最大和最成功的发展中国家，中国用自己辉煌的业绩证明了中国发展模式，为发展中国家的经济腾飞树立了榜样，是发展中国家经济腾飞的希望。"

习总书记说："当今世界，要说哪个政党、哪个国家、哪个民族能够自信的话，那中国共产党、中华人民共和国、中华民族是最有理由自信的。"[①]我们有理由自信，现实更需要这样的自信。就当前而言，只有建立"自信而不自盲，自知而不自卑"的民族心态才能适应中国的发展。一个民族、一个国家，必须知道自己是谁，从哪里来的，要到哪里去，想明白了，想对了，就要坚定不移地朝着目标前进。

（一）国家有自信

2015年是我们"十二五"规划的收官之年。面对错综复杂的国际环境和艰巨繁重的国内改革发展稳定任务，我们继续坚持稳中求进的工作总基调，深化改革开放，实施一系列利当前、惠长远的重大举措，“十二五”规划确定的主要目标任务全面完成。

一是经济持续较快发展。国内生产总值年均增长7.8%，经济总量稳居世界第二位，成为全球第一货物贸易大国和主要对外投资大国。

二是结构调整取得标志性进展。服务业成为第一大产业，工业化与信息化融合加深，农业综合生产能力明显增强。消费成为支撑经济增长的主要力量。超过一半人口居住在城镇。单位国内生产总值能耗下降18.2%，主要污染物排放量减少12%以上。

三是基础设施水平全面跃升。铁路营业里程达到12.1万公里，其中高速铁路超过1.9万公里，占世界60%以上。高速公路通车里程超过12万公里。南水北调东、中线工程通水。建成全球最大的第四代移动通信网络。

四是科技创新实现重大突破。量子通信、中微子振荡、高温铁基超导等基础研究取得一批原创性成果，载人航天、探月工程、深海探测等项目达到世界先进水平。

五是人民生活水平显著提高。居民收入增长快于经济增长，城乡收入差距持续缩小。城镇新增就业人数超过6400万人。城镇保障性安居工程住房建设4013万套，上亿群众喜迁新居。农村贫困人口减少1亿多，解决3亿多农村人口饮水安全问题。

六是社会发展成就斐然。教育公平和质量明显提升。基本医疗保险实现全覆盖，基本养老保险参保率超过80%。文化软实力持续提升。依法治国全面推进。中国特色军事变革成就显著。

经过五年努力，我国的经济实力、科技实力、国防实力、国际影响力又上了一个大台阶。

近年，我国向世界展现了一个更加开放、和谐、创新的大国形象。新华社海外舆情数据分析中心早前依托大数据云平台采集了境外3万多个站点的5亿条次舆情信息，数据采集范围涵盖200多个国家和地区，时间跨度为2015年1月1日至2015年12月31日。大数据搜索并形成的分析报告显示，海外媒体和网民为中国在经济、科技、文化以及参与国际事务等多个领域取得的巨大成就“点赞”。在海外媒体和社交网站的报道和话题当中，高铁、核电、智能手机、电商、探月、互联网金融、屠呦呦、基因技术、克隆技术被报道和提及的次数最多，已经成为世界认识中国的新热词。在涉及中国海外形象的5500多万条报道和话题中，中国的科技创新能力也成为最给中国海外形象加分的地方。2015年，中国在生物技术、基因科技、机器人制造等方面的进步吸引了海外舆论关注，引发了外媒对中国科学

2016 年 10 月 17 日 7 时 30 分，搭载神舟十一号载人飞船的长征二号 F 遥十一运载火箭，在酒泉卫星发射中心点火发射

技术发展的讨论。中国在超级计算机、国产大飞机等领域取得的成就同样得到全世界的关注。在 2015 年 11 月 16 日公布的新一期全球超级计算机 500 强榜单中，来自中国的超级计算机共占据 109 个位置，中国“天河二号”超级计算机再度夺冠。2015 年 11 月 2 日，我国自主研制的 C919 客机正式总装下线。《南德意志报》称，中国生产商首次制造了一架与波音 737 和空客 A320 同级别的客机，这对中国航空工业而言是一座“里程碑”，意味着在飞机制造领域，中国已经争得一席之地，与世界水平之间的差距也在缩小。[②]

此外，中国海外派遣和交流人员为中国的海外形象大大加分。其中，中国维和部队、援非医疗、撤侨行动最受海外关注。例如，在超过2.7万条与维和部队相关的信息中，对中国维和行动表示赞赏的达74%。而对中国在也门的撤侨行动相关信息共抓取1.9万余条，其中1.4万余条给予积极评价。美国一家主流媒体在一篇报道中称，这场行动显示北京从危险地区撤离公民的能力日益增强。报道还援引新浪微博的一条评论说："祖国的强大不仅在于和其他国家签订免签证协议，而且是在危险时刻能把你带回家。"同时，展现"中国风"的中国元素和传统文化也是大受海外媒体和网民欢迎的内容。其中，中国菜、熊猫、儒学思想、中国功夫被报道和提及的次数较多。以"中国菜"为关键词，报告共抓取到相关信息35.4万余条，其中正面评价超过54%。这些高频出现的词汇犹如一扇扇窗口，见证了中国国际形象的提升，让人们看到在世界舞台上，中国更加友善开放、充满活力的负责任大国新形象。

面对这些国际舆论，我们既不能扬扬自得，也不能妄自菲薄。我们应该"读懂中国"，坚定地"走自己的路"。我们有能力将奥运会办得无与伦比，我们有能力战胜地震灾害，我们有能力让6亿多人口摆脱贫困，我们有能力通过外交斡旋和平解决核危机，我们有能力捍卫解决南海争端。从国家层面讲，我们应该有自信，相信我们的国家有能力“做好自己”。正如习近平总书记所说，国家治理体系和治理能力是一个国家的制度和制度执行能力的集中体现，它们是有机整体，是相辅相成的。我们党在全国执政以后，不断探索这个问题，虽然也发生了严重曲折，但在国家治理体系和治理能力上积累了丰富经验、取得了重大成果，改革开放以来的进展尤为显著。我国政治稳定、经济发展、社会和谐、民族团结，同世界上一些地区和国家不断出现的乱局形成了鲜明对照。这说明，我们的国家治理体系和治理能力总体上是好的，是适应我国国情和发展要求的。③

一个国家选择什么样的治理体系，是由这个国家的历史传承和文化传统、经济社会发展水平决定的，是由这个国家的人民决定的。我国今天的国家治理体系，是在我国历史传承、文化传统、经济社会发展的基础上长期发展、渐进改进、内生性演化的结果。作为最大的发展中国家，“集中力量办大事”是我们的制度优势，这也是我国能够保持经济持续增长的重要原因之一。但实事求是地讲，我国的国家治理体系还有很多需要改进和完善的地方。比如我国的民主法治建设仍不能完全满足经济社会发展的需要，如何稳定有序地扩大人民民主范围，如何更好地保障人民的民主权利等诸多方面，都需要进一步改进完善。但怎么改进、怎么完善，我们要有主张，有定力。而要做到这些，就要对我们的制度、我国的国家治理体系有自信。寸有所长，尺有所短。时至今日，我们依然是最大的发展中国家，还有很长的路要走。我们只有具备自信，才能更好地认识自己；只有拥有自知之明，不卑不亢，才能吸取别人的长处，完善自己。

（二）民族有自信

1902 年，梁启超在《论中国学术思想变迁之大势》中首次提出了“中华民族”的概念。1905 年，梁启超在《历史上中国民族之观察》一文中指出：“中华民族自始本非一族，实由多民族混合而成。”由此，“中华民族”一词在近代中国社会中被广泛应用。虽然“中华民族”一词是 20 世纪初才出现的，但是不少学者早已论证了“中华民族”的族群组成、历史变迁。其中不得不说的就是杨度。1907 年，杨度在《金铁主义说》中详尽地阐述了中华民族不仅是民族的融合体，而且将“中华民族”看作文化的共同体。而费孝通先生认为：“民族是一个共同生活方式的人们共同体，必须和‘非我族类’的外人接触才发生民族的认同，也就是所谓民族意识，所以有一个从自在到自觉的过程。”[4]“中华民族作为一个自觉的民族实体，是在近百年来中国和西方列强对抗中出现的，但作为一个自在的民族实体则是几千年的历史过程所形成的。”[5]所以，虽然“中华民族”一词是近代才出现的,但是中华民族的实体是早就存在的。

每个民族都有自己独特的精神基因,从而构成了区别于其他民族的人文性格和文化习惯。这种文化基因犹如DNA(脱氧核糖核酸)的遗产密码一般融入中华民族的血液之中。对中华民族而言,融入血液的勤劳勇敢、自强不息、尊重生命、爱好和平,使得炎黄子孙无论身处何地,都能适应环境。而中华民族的吃苦耐劳、敦厚纯良也是举世闻名的。"民生在勤,勤则不匮。"中华民族是勤于劳动、善于创造的民族。正是因为劳动创造,我们拥有了辉煌的历史;也正是因为劳动创造,我们拥有了今天的成就。

曾几何时,西方先哲都对中国抱有极好的印象。德国的莱布尼茨认为中国拥有"人类最高度的文化和最发达的技术文明"。而法国启蒙思想家伏尔泰称中国是"举世最优美、最古老、最广大、人口最多和治理最好的国家","在道德上欧洲人应当成为中国人的徒弟"。[⑥]近代的中华民族先后给人以"东亚病夫""一盘散沙"的印象。闭关自守使得当时的中华民族并不了解外面的世界,曾经的封建专制也使得中华民族失去了以往的活力,思想僵化,木讷迂腐。梁启超曾因此撰写《新民说》,他认为,"皆开民智强国基之急务也",所以改造国民性至关重要。

民国时期的学者对于国民性进行过不少反思。如梁漱溟先生就曾经指出我们民族的缺点:"(一)不讲公德、缺乏国家观念，自私心重；（二）缺乏纪律习惯，公共场所没有秩序；（三）缺乏组织能力，如一盘散沙；（四）好徇人情，缺乏法治精神。”⑦

的确，当西方列强的坚船利炮打开我们的国门时，中华民族的自尊心也遭到了重创，以往的民族自豪感和荣耀感，被帝国主义列强压迫和蹂躏之时，“活下去”既是中华民族得以延续的前提，也是很多中国人当时生存的唯一信条，而体面、尊严在当时的历史环境中几乎成为奢望。当一个民族自卑之时，以往的优点也会变成缺点。“人必自侮而后人侮之。”缺乏民族自信，缺乏文化自信的民族，都是没有希望的。这是历史的教训。

新中国成立后，中华民族才重新站了起来，才重拾民族自信面对世界。在此前的一个多世纪里，中华民族陷入了一种迷茫、彷徨的情绪，也经历了一个从自卑到自省，再到自信的变化。

世界上没有任何一个民族是“零缺点”的，能够正视自身的缺点，才能坦诚地向其他民族学习，这样的民族才是真正自信的民族。中华民族是一个兼容并蓄、海纳百川的民族，在漫长的历史进程中，不断地学习他人的好东西，把他人的好东西转化成我们自己的东西，并形成我们的民族特色。中华民族是富有创造精神和创新能力的伟大民族。古代的四大发明早就闻名于世，而且对世界文明做出过重大贡献。中华民族在5000多年的发展中，历经磨难而意志弥坚，中华文明也从来没有发生过断裂，最终形成了我们统一的多民族国家，在长期的民族融合中，形成了我们团结统一、独立自主、爱好和平、自强不息的传统。中华民族是由56个民族组成的大家庭，这56个民族都是中华民族大家庭中平等的一员，汉族离不开少数民族，少数民族也离不开汉族，各少数民族之间也互相离不开。团结统一深刻地烙印在中国人的民族意识中。中华民族的主流始终都是坚持民族团结和国家统一。独立自主是中华民族高度自尊自强的表现。我们从来不愿意将我们的意志强加于别人，因为我们信奉“己所不欲，勿施于人”。与此同时，我们也不会接受任何强加于我们的经验和模式。中华民族的命运要由自己掌控，而不是任人摆布。

在经过了一个多世纪的艰苦奋斗之后，中华民族迎来了民族复兴的曙光。我们有理由相信中华民族的明天会更加美好。我们有一个共同的感觉：经过90多年艰苦奋斗，我们党团结带领全国各族人民，把贫穷落后的旧中国变成日益走向繁荣富强的新中国，中华民族伟大复兴展现出光明前景，我们的民族有信心，也有能力创造美好的未来。

（三）人民有自信

一直以来，中国人对于腐败都有着很深的心结，而且影响着国人对于党和政府的信任,而如今的政治空气已经得到很大程度的净化,腐败的态势基本得到了控制。中央纪委监察部网站相关数据显示,自“八项规定”出台以来,截至2016年10月31日,全国已累计查处违反中央“八项规定”精神的有146431起,处理98836人,其中196947人受到党纪政纪处分。据《中国纪委监察报》报道,财政部公布的2014年度中央决算数据显示,中央部门“三公”经费支出合计58.8亿元,比上年减少11.35亿元,下降16.2%;比预算数减少12.71亿元,下降17.8%。“三公”支出创近年最大降幅。

2015年4月,“猎狐2015”专项行动启动。截至2015年12月底,从66个国家和地区成功抓获各类外逃人员857名,抓获人数再创新高。据了解,“猎狐2015”专项行动从2015年4月份开始,对外逃经济犯罪嫌疑人以及涉腐败案件外逃人员发起集中缉捕。专项行动期间,全国公安机关共向境外派出50余个工作组。其中缉捕归案477名,投案自首366名,异地追诉14名。涉案金额上,千万元以上的212名,其中超过亿元的58名。潜逃5年以上的667名,其中10年以上的39名,逃跑时间最长的21年。在这些逃犯中,共有114名已经“漂白身份”,警方通过数据整合与信息化追逃,仍将他们抓获。行动中,公安机关积极拓展国际执法合作渠道,从美国遣返外逃人员2名,从意大利、希腊、保加利亚、西班牙、匈牙利引渡犯罪嫌疑人6名，对藏匿逃犯数量较多、缉捕条件较好的国家和地区，派出专门工作组，会同逃犯藏匿国的执法部门，组织集中抓捕，共从泰国、菲律宾、马来西亚、印度尼西亚、柬埔寨等东南亚国家缉捕逃犯283名，占全部抓获人数的33%。[8]毫无疑问，这些举措在一定程度缓解了社会的焦虑情绪，增强了国人对中国未来发展的信心。

邓小平曾说："中国人有自信心，自卑没有出路。过去自卑了一个多世纪，在中国共产党领导下站起来了。"[9]的确，中国人民应该有这个信心，每一个中国人都应该有这个信心。我们要虚心学习借鉴人类社会创造的一切文明成果，但我们不能数典忘祖，不能照搬别国的发展模式，也绝不会接受任何外国颐指气使的说教。

回望改革开放30多年，身处当代的中国人都会有一个共同的感觉：我们过上了前所未有的美好生活，以前的很多期望如今都变成了现实。30多年前，出国旅游是件奢侈的事情，而如今的中国人可以轻松地走出国门去看世界。据国家旅游局的统计，2015年中国公民出境旅游人数达到1.2亿人次，旅游花费1045亿美元，同比分别增长12%和16.7%。中国出境旅游人数、境外旅游消费在2015年继续位列世界第一。此外，半数中国人已经接入互联网，移动互联网也在一定程度上改变了中国人的生活方式。据第39次《中国互联网网络发展状况统计报告》显示，截至2016年12月，中国网民规模达7.31亿，手机网民的规模达6.95亿，互联网普及率达到53.2%。电子商务引领互联网经济发展，中国网络零售交易规模引领全球，成为世界第一大网络零售市场。2015年中国网络零售额达到4万亿元，占社会消费品零售总额的12.68%。据中国电子商务研究中心检测数据显示，美国人在2015年感恩节与“黑色星期五”网上购物总共花了44.5亿美元。而在2015年“双11”活动中，仅阿里巴巴所属各平台当天总交易额就达到912亿元。2016年“双11”，阿里巴巴的交易额已破千亿。这些数据足以证明当前中国的内需强大，而且国人对于当前的经济前景是有信心的。归根到底，还是在于国人的生活水平得到了大幅度的提高。

但是，生活的富足并不足以支撑起国人所有的幸福感。自20世纪90年代以来，中国逐渐告别了短缺经济。不少中国人在过上了富裕生活之后，在心态上也出现了一些变化。当前社会心态普遍存在一种“围城”现象。很多国人羡慕外国人，仿佛在那些发达国家就事事如意，在中国生活就是“苦海无边”，却不知道外国人也在羡慕着我们。这是“睫在眼前犹不见”，还是“只缘身在此山中”呢？说到底，还是因为很多国人缺乏自信。缺乏自信的人，就会妄自菲薄，陷入自我怀疑的怪圈。而只有真正自信的人，才能够融入大环境，能够正确看待别人的意见，逐渐完善自己。对于我们每个中国人而言，应该看到时代发展的潮流所向，看到国家的发展变化，分清历史发展的主流和支流，信任党和政府，对改革开放有信心，更应该相信自己当下有创造幸福的能力。

二、任重而道远

据国家统计局数据显示，2015 年全国粮食总产量 62143.5 万吨（12428.7 亿斤），比 2014 年增加 1440.8 万吨（288.2 亿斤），增长 2.4%。其中谷物产量 57225.3 万吨（11445.1 亿斤），比 2014 年增加 1484.6 万吨（296.9 亿斤），增长 2.7%。这也是我国粮食产量连续“十二连增”。自 1978 年中国实行改革开放以来，中国的粮食产量出现过两次大幅度的波动。第一次是 1984 年前后。自 1979 年，粮食产量连续 6 年以 5%左右的速度增长，一直到 1984 年，粮食产量第一次超过了 8000 亿斤（4 亿吨以上）。政府调整了粮食政策，但是农民没有接受，于是粮食产量连续 4 年下降，直到 1989 年粮食产量才恢复到 5 年前的水平。第二次是 20 世纪 90 年代末。1998 年中国的粮食产量创造了 20 世纪的最高水平，达到了 5.123 亿吨。但从 1999 年开始，粮食产量开始下降，一直降到 2003 年的 4.3

亿吨。然后在一系列政策刺激下，粮食产量从2004年开始回升，直到2008年才超过1998年的产量。粮食产量的“一个下坡、一个上坡”，恢复之路一共走了10年。从历史经验来看，中国政府调整粮食政策要特别谨慎，粮食的价格形成机制、对农民的补贴政策和粮食的收储政策改革要充分考虑农民利益，避免再次出现粮食产量的大幅度下降。

古语有云：“国以民为本，民以食为天。”中国历朝历代都十分看重粮食问题，一方面进行严格的粮食管控，比如明清两朝就严禁粮食出口，另一方面通过兴修水利、办漕运、制定荒政救济等制度来充足粮食储备。新中国成立之后，由于经济基础落后，加上天灾人祸，我们也经历了处在“温饱”之下的时期。直到20世纪90年代，中国才真正告别了短缺经济时代，不再“挨饿”。手中有粮，心中不慌，保障粮食安全对中国而言至关重要。这些过去经历的种种，也决定了“解决好吃饭问题始终是治国理政的头等大事”。在全面建成小康社会的决胜阶段，端牢13亿中国人的饭碗，也是我国国家安全的基础。

美国前国务卿基辛格说：“如果你控制了石油，你就控制了所有国家；如果你控制了粮食，你就控制了所有人。”美国是最早使用粮食作为战略武器胁迫他国的。1954年，美国签署《480号公共法案》，即《农业贸易发展与援助法》,又称“食物换和平计划”,目的是利用美国的过剩农产品对第三世界开展“粮食援助”。粮食也成了地缘政治中的重要武器。美国中央情报局的一份报告指出,第三世界国家缺粮,“使美国得到了前所未有的一份力量,华盛顿对广大的缺粮者实际上拥有生杀予夺的权利”。从这个意义上讲,粮食问题等同国家战略问题并不夸张。

中国当前既是世界粮食生产第一大国,又是重要的粮食进口国。自 2012 年以后,中国国内的粮食价格明显高于国际市场,出现了国内外粮价倒挂的局面,被称为“天花板”封顶的效应开始显现。由于人民币升值等诸多因素影响,中国政府制定的粮食价格明显高于国际市场,这是一个基本事实。然而,还有部分原因就是农业劳动力越来越贵,租金也越来越高,农业生产中的农机、化肥、农药等投入越来越高,农产品成本“地板”抬升的挤压越来越明显。现在中国的粮食以自己的产量加上进口和库存已明显供过于求,这也是一个基本事实。毫无疑问的是,当前并不是“粮食不够吃”的问题,而是“粮食吃不完”带来的问题。我国进入了粮食政策的调整阶段,政府下一步的粮食政策为适当调减当期的产量,但将着力保持生产能力的稳定和提升。“十三五”规划建议中提出了一些政策,如实行轮作休耕的试点、实行“藏粮于地、藏粮于技”的战略等,这实际上发出了一定程度上适当调整近期粮食产量的信号。

2001年,我国加入WTO之时对农业补贴有承诺,即补贴上限不超过农业产值的8.5%,现在一些农产品价格和价格补贴开始逼近“黄线”。在目前的贸易保护政策下,我国农产品价格触及天花板以后,价格驱动型进口会不断增加,进口对国内农业造成的冲击会难以避免。长期以来为了增加农产品的产量,农业资源存在过度开发利用的问题,生态存在严重透支问题。有些地方的土地没法种,水也不能浇,资源环境旧的欠债没有还,新的欠债还在继续发生,资源环境的“红灯”开始亮起。可以说,农业的发展既面临着天花板、地板双重挤压,又面临着红灯、黄线的双重约束。[10]

综合国内外各方面因素,作为拥有13.7亿人口的大国,中国一定要坚持依靠自身能力来保障粮食安全的国策。“十三五”规划建议中,仍然强调谷物基本供给,口粮绝对安全。中国人的口粮,基本上是小麦和稻米,这个大的政策不会有大的调整。除口粮之外的其他需求,将更多地依靠国际市场来调节,这将是一个长远的方针。在一定意义上讲,中国粮食供求关系的长期稳定,也有利于保障全球的粮食安全。中国在调整粮食政策时也要对全球粮食市场持负责任的态度,统筹国内和国际粮食市场,寻求国内粮食生产和适度进口之间的最佳结合点。中国既有信心,也有能力来确保国家粮食安全问题。

当前，我国发展仍处在重要的战略机遇期，这个基本判断并没有变。“经济新常态”是经济发展速度回归正常的阶段，也是我们“过更高的坎”的阶段。在这一阶段中，凡事做最坏的准备，朝最好的结果努力，做到有备无患，才能把握主动权。粮食安全问题便是如此，其他方面亦是如此。“莫言下岭便无难，赚的行人错喜欢。正入万山圈子里，一山放出一山拦。”面对各种机遇和挑战，增强信心，保持战略上的平常心态至关重要。

（一）任重：机遇和挑战都前所未有

2015年，党的十八届五中全会提出了实现“十三五”时期发展目标，破解发展难题，厚植发展优势，必须牢固树立并切实贯彻创新、协调、绿色、开放、共享的发展理念。这是我国未来5年的重要发展规划，也是关系全面建成小康社会的成败，关系我国发展全局的一场深刻变革，而在这一阶段的机遇和挑战也是前所未有的。困难和挑战并不可怕。中国的发展从来都是在应对挑战中前进的，没有过不去的坎，关键在于我们能否成功应对。

就“十三五”时期我国的发展环境而言，和平与发展的时代主题没有变，经济长期向好的基本面没有变。世界多极化、经济全球化、文化多样化、社会信息化深入发展，世界经济在深度调整中曲折复苏，新一轮科技革命和产业变革蓄势待发，全球治理体系深刻变革，发展中国家群体力量继续增强，国际力量对比逐步趋向平衡。但是，国际金融危机深层次影响在相当长时期依然存在，全球经济贸易增长乏力，保护主义抬头，地缘政治复杂变化，传统安全威胁和非传统安全威胁交织，外部环境不稳定、不确定因素增多。

我国物质基础雄厚、人力资本丰富、市场空间广阔、发展潜力巨大，经济发展方式加快转变，新的增长动力正在孕育形成。同时，发展不平衡、不协调、不可持续问题仍然突出，主要是发展方式粗放，创新能力不强，部分行业产能过剩严重，企业效益下滑，重大安全事故频发；城乡区域发展不平衡；资源约束趋紧，生态环境恶化趋势尚未得到根本扭转；基本公共服务供给不足，收入差距较大，人口老龄化加快，消除贫困任务艰巨；人们文明素质和社会文明程度有待提高；法治建设有待加强；领导干部思想作风和能力水平有待提高，党员、干部先锋模范作用有待强化。我们必须增强忧患意识、责任意识，着力在优化结构、增强动力、化解矛盾、补齐短板上取得突破性进展。

综合来说，我国发展仍处在可以大有作为的重要战略机遇期，也面临诸多矛盾叠加、风险隐患增多的严峻挑战。我们要准确把握战略机遇期内涵的深刻变化，更加有效地应对各种风险和挑战，继续集中力量把自己的事情办好，不断开拓发展新境界。

如今我国开放发展面临的国际国内形势同以往有很大不同，总体上有利因素更多，但风险挑战不容忽视，而且都是更深层次的风险挑战。“这可以从 4 个方面来看。一是国际力量对比正在发生前所未有的积极变化，新兴市场国家和发展中国家群体性崛起正在改变全球政治经济版图，世界多极化和国际关系民主化大势难逆，以西方国家为主导的全球治理体系出现变革迹象，但争夺全球治理和国际规则制定主导权的较量十分激烈，西方发达国家在经济、科技、政治、军事上的优势地位尚未改变，更加公正合理的国际政治经济秩序的形成依然任重道远。二是世界经济逐渐走出国际金融危机阴影，西方国家通过再工业化总体保持复苏势头，国际产业分工格局发生新变化，但国际范围内保护主义严重，国际经贸规则制定出现政治化、碎片化苗头，不少新兴市场国家和发展中国家经济持续低迷，世界经济还没有找到全面复苏的新引擎。三是我国在世界经济和全球治理中的分量迅速上升，我国是世界第二经济大国、最大货物出口国、第二大货物进口国、第二大对外直接投资国、最大外汇储备国、最大旅游市场，成为影响世界政治经济版图变化的一个主要因素，但我国经济大而不强的问题依然突出，人均收入和人民生活水平更是同发达国家不可同日而语，我国经济实力转化为国际制度性权力依然需要付出艰苦努力。四是我国对外开放进入'引进来'和'走出去'更加均衡的阶段，我国对外开放从早期'引进来'为主转为大进大出新格局，但与之相应的法律、咨询、金融、人才、风险管控、安全保障等都难以满足现实需要，支撑高水平开放和大规模走出去的体制和力量仍显薄弱。这就是说，我们今天开放发展的大环境总体上比以往任何时候都更为有利，同时面临的矛盾、风险、博弈也前所未有，稍不留神就可能掉入别人精心设置的陷阱。"[11]

自2009年始，中国成为世界第一制造大国。世界500种主要工业品中，中国有220项产品的产量居全球第一。中国形成了完整的工业体系，拥有联合国产业分类规定的39个大类、191个中类、525个小类。在成为产业大国的同时，中国产业竞争力不断提升。中国产品遍布世界230多个国家和地区，初级产品出口比重已下降到个位数，工业制成品上升到90%以上。中国的粮食、油料、蔬菜、水果、肉类、禽蛋和水产品等产量连续多年居世界第一。同时，中国也是排名世界第三的服务业大国。但是，中国经济总量的大幅度提升，也使得环境和资源的压力越来越大。如果以2014年的经济总量为基点，经济总量每增长10%，就相当于按照当年价格增加一个20年前(1995年)中国经济的总量，相当于10年前(2005年)中国经济总量的1/3还多。[12]在这样的形势下，既要保证一定的经济增速，又使单位国内生产总值能耗下降3.4%以上，继续减少主要污染物排放，并非易事。

改革开放以来，无论从广度还是从深度来说，中国也越来越融入经济全球化。2013年，中国成为世界第一货物贸易大国。2014年，中国的服务贸易也从2001年的719亿美元增加到6070亿美元，从世界第13位上升至第2位。中国又是一个外汇储备最多的国家。1978年中国外汇储备仅1.67亿美元，全球排名第38位，人均0.17美元，折合人民币约1元钱。2014年中国外汇储备最高时达到39500亿美元，占世界外汇储备的1/3，连续9年稳居全球第一。此外，中国的石油对外依存度已经超过了50%。随着中国经济总量的扩大，国内资源和环境的约束以及劳动力成本的上升，过去那种依靠劳动密集型、加工贸易和低端产品为主的产品贸易，越来越失去发展空间和竞争优势，而企业和资本走出去已经成为中国进一步发挥利用国际资源和国际市场的重要形式，未来能否有更多中国企业走出去也非常关键。

当前，世界经济进入深度调整期，复苏乏力，国际贸易增长低迷，金融和大宗商品市场波动不定，地缘政治风险上升，外部环境的不稳定不确定因素增加，对我国发展的影响不可低估。2015年世界经济增速为6年来最低，国际贸易增速更低，大宗商品价格深度下跌，国际金融市场震荡加剧，对我国经济造成直接冲击和影响。我国经济正处在“三期叠加”（即增长速度换档期、结构调整阵痛期、前期刺激政策消化期）的特定阶段，长期积累的矛盾和风险进一步显现，新旧动能转换相互交织，经济下行压力加大。这既是当前中国经济的阶段性特征，也为我们制定正确的经济政策提供了依据。

增长速度换档期，是由经济发展的客观规律所决定的。随着国民经济总量等基数增大，支撑经济发展的人力资源、自然资源以及制度安排和经济政策等要素正在发生变化，从劳动力、资本、技术进步等生产要素结构分析，从一、二、三次产业结构分析，都可看到，我们经济增长速度下降是经济发展的阶段性现象。

结构调整阵痛期，是加快经济发展方式转变的主动选择。经济增速的放缓，以及国际金融危机的长期化、各国应对危机加快结构调整的积极成效，增强了我们用市场机制倒逼经济结构调整的紧迫感。结构调整不是免费午餐，为了化解过剩产能，优化产业结构，一些行业难免受到较大冲击，有些企业甚至会退出市场，这些不得不付出的代价就是结构调整中的“阵痛”。

前期刺激政策消化期，是化解多年来积累的深层次矛盾的必经阶段。从 2011 年二季度开始，经济增速逐级回落，可以理解为进入了前期刺激政策的消化期。在这个阶段，虽然刺激政策逐步退出，但政策的累积效应和溢出效应还在发挥作用，对经济结构基础产生深远影响，也使当期宏观政策的选择受到掣肘，调控余地大为缩小。[13]

当前，我国经济正处在“三期叠加”的特定阶段，经济发展步入新常态。经济发展面临速度换挡节点，如同一个人，10 岁至 18 岁期间身高猛长，18 岁之后身高增长的速度就慢了下来。经济发展面临结构调整节点，低端产业产能过剩要集中消化，中高端产业要加快发展，过去生产什么都赚钱、生产多少都能卖出去的情况不存在了。经济发展面临动力转换节点，低成本资源和要素投入形成的驱动力明显减弱，经济增长需要更多驱动力创新。既要保持战略定力，持之以恒地推动经济结构战略性调整；又要梳理危机应对和风险管控意识，及时发现和果断处理可能发生的各类矛盾和风险。

2016 年我国城镇新增就业 1314 万人，就业形势总体稳中有忧。而当前就业格局出现了一些新的变化，主要表现在以下方面：区域就业增长更趋平衡，西部地区就业持续较大幅度增长，新增就业占比逐步提高；第三产业吸纳就业能力逐步显现，就业结构进一步优化，早在 2014 年，第三产业就业人数占全国就业人数的 40.6%。新兴产业和新型业态成为就业增长新源泉。失业动态监测数据显示，2014 年年末，信息传输、软件和信息技术服务业岗位同比增长5.8%。当前就业形势也有一些问题需要高度关注,如2017年高校毕业生预计达到795万人,比2016年增加30万人,高校毕业生就业压力持续,任务繁重;经济下行压力和结构调整中的失业风险有所增加,部分企业既有岗位出现流失,部分企业稳岗压力加大,减少工时、欠薪、停工放假现象增多;大龄低技能劳动者就业或更趋困难,2014年全国失业人员再就业和困难人员就业人数为近4年来最低,人力资源市场上大龄劳动者求职倍率下降。随着我国经济进入新常态,就业形势将呈现出一些新趋势。经济与就业增速从"双高"到"双降",根据人口发展、劳动参与率变化趋势以及经济增长阶段特征判断,未来我国就业人口总量将从增速下降转入总量减少。但劳动力供给总量规模仍然较大,就业总量压力持续与结构矛盾凸显并存仍是主要特征。未来要化解就业结构性矛盾问题,就必须在推进产业结构转型升级的同时,更加注重结构调整与扩大就业的良性互动,着力防范结构性失业问题,避免出现局域性大规模的失业现象。

党的"十三五"规划,提出了"绿色发展"理念。"绿色"也成为我国经济社会的主色调。环境污染严重已经成为我们能否全面建成小康社会的短板。中国的环境问题确实不容忽视。雾霾成为困扰中国人日常生活的重点话题。2014年冬天创下平均雾霾天数52年之最。近6成地下水水质较差，耕地土壤点位超标率达 19.4%。2015 年年初，环保部发布 2014 年全国空气质量报告，中国 74 个重点城市中，89%的城市空气污染不同程度超标。[14]2016 年年初，环保部披露首批实施新环境空气质量标准的 74 个城市 PM2.5 年均浓度为 55 微克/立方米，同比下降14.1%，美国 NASA 卫星也观测到中国的东部和中部地区出现了颗粒物的降低。

2016 年 3 月 11 日，环保部部长陈吉宁就“加强生态环境保护”的相关问题回答中外记者的提问，在回答记者提出的关于雾霾治理的问题时，陈吉宁表示，污染治理有三个阶段：

第一个阶段，污染的排放量超过环境的容量，这个阶段付出再大的努力也只能见到很小的效果。这个阶段也可能是我们对污染的原因没搞清楚，治理的效果就不佳，也见不到效果。

第二个阶段，我们持续地治理，但是我们受到很多自然的边界条件的影响。比如风速、湿度、降雨等这些自然边界的影响，有时候好就达标，有时候又会比较重。特别是在极端天气情况下，这个表现就更为突出。比如 2015 年年底我们受到强厄尔尼诺现象影响，极端不利的气象条件就会影响治理。大家可以看三个重要的数据：一是风速。风与往年相比减少了 5%左右。二是湿度增加了

20%，湿度越大越容易反应。三是混合层的高度，好天气混合层的高度在1000米到1500米，极端天气混合层高度会压到100米、200米这样的水平。所以受到这些边界条件的影响，环境质量就会有所不同。

第三个阶段，我们进一步地治理污染排放，不再受这些气候条件、水文条件、边界条件的影响，我们就把环境问题解决了。目前中国大气环境治理正处在第二个阶段，走向第三个阶段。另外，我们付出了巨大的努力来解决污染排放的问题、雾霾的问题，全面落实大气十条，从节能减排、产业结构调整、控煤到汽车污染的控制，包括秸秆焚烧、扬尘等，采取了大量的措施，用硬举措应对硬挑战。

陈吉宁用三个数值来判断环境治理是不是取得了我们所期盼或是我们所预测到的变化：一是优良天数，二是重污染天数，三是全年的PM2.5浓度。大气十条实施以来，这三项指标都在发生积极的变化。如前文所述，我们能看到一个非常明显的改进趋势。

“在经济社会发展进程之中，在城镇化、工业化进程中取得这样的进步是很少有的。一个典型的例子，大家可以看到，去年珠三角整个区域全年的PM2.5浓度达标，当然珠三角中还有一些城市没有达标。今后几年是否可以稳定地达标，还要给一点时间。但毕竟像跳高一样，我们在一个重点地区终于达标了，终于摸到了杆，这是非常不容易的，增加了我们治污的信心。大家可以看，珠三角从上世纪90年代中后期开始，学术界开始系统地研究这个问题，之后开始产业结构调整，能源结构调整，加大污染治理，十几年的时间取得了今天这样一个成绩，这也增加了我们解决雾霾的决心。所以我们只要坚持下去，一步一步走下去，我们可以很好地解决我们的问题。”⑮

以今天中国经济的体量，产业升级以及高污染产业的转移都不可能一蹴而就。所以，中国“去污”之路难度系数可想而知，雾霾的问题已经初见成效，但治理雾霾是一场持久战。曾经出现过类似问题的洛杉矶和伦敦，治理雾霾分别耗费了50年和30年。恐怕我们也还有一段很长的路要走。

(二)道远:中国特色社会主义的共同理想

近年来，国际舆论中“唱衰中国”的声音并未绝迹。2015年3月《华尔街日报》发表题为《中国即将崩溃》的文章，作者就是著名的“中国通”、美国学者沈大伟。然而，时隔一年，在与中国学者对话时，沈大伟极力澄清之前的文章题目系《华尔街日报》编辑所取，他们是为了博取读者的眼球，为报社赚取更多利润。他并不认为中国即将崩溃，同时对中国经济发展速度放缓仍持乐观态度。沈大伟前后态度的改变，其个中缘由我们无从得知。但是，无论是面对“中国崩溃论”，还是“唱衰中国论”，我们都应该清楚地“认识自己”，看清楚脚下的路，“做好自己”，这对我们来说才是首要任务。

即使我国已经成为世界第二大经济体，但是有一点没有改变：我国仍处在社会主义初级阶段，仍是世界上第一大发展中国家。我国在社会主义初级阶段的主要矛盾没有改变，仍是人民日益增长的物质文化需要同落后的社会生产之间的矛盾，而解决矛盾的主要途径仍是要解放生产力，发展生产力。

发展生产力的重要途径就是改革。当前我国正处在改革的深水区，如逆水行舟，不进则退。如今的改革都是“牵一发而动全身”的，我们要坚持以经济体制改革为主轴，努力在重要领域和关键环节的改革上取得新突破，以此牵引和带动其他领域改革，使各方面协同推进、形成合力，而不是各自为政、分散用力。

全面深化改革是关系党和国家事业发展全局的重大战略部署，不是某个领域某个方面的单项改革。所以，全面深化改革需要加强顶层设计和整体谋划，加强各项改革的关联性、系统性、可行性。胆子要大，步子要稳，其中步子要稳就是统筹考虑、全面论证、科学决策。经济、政治、文化、社会、生态文明各领域改革和党的建设改革紧密联系，相互交融，任何一个领域的改革都会牵动其他领域。

而稳定是改革发展的前提，必须坚持改革发展稳定的统一。只有社会稳定，改革发展才能不断推进，只有改革发展不断推进，社会稳定才能具有坚实基础。要坚持把改革的力度、发展的速度和社会可承受的程度统一起来，把改善人民生活作为正确处理改革发展稳定关系的结合点。而改革一直都是进行时，改革开放中的矛盾只能用改革开放的办法来解决。改革开放是一项长期的、艰巨的、繁重的事业，必须一代又一代接力干下去。

坚持和发展中国特色社会主义是一项长期的、艰巨的历史任务。邓小平同志说："我们搞社会主义才几十年，还处在初级阶段。巩固和发展社会主义制度，还需要一个很长的历史阶段，需要我们几代人、十几代人，甚至几十代人坚持不懈地努力奋斗，决不能掉以轻心。"历史是不断向前的，要达到理想的彼岸，就要沿着我们确定的道路不断前进。每一代人有每一代人的长征路，每一代人都要走好自己的长征路。今天，我们这一代人的长征，就是要实现"两个一百年"奋斗目标、实现中华民族伟大复兴的中国梦。

邓小平同志曾提出，坚持社会主义初级阶段基本路线一百年不动摇。而社会主义初级阶段从1956年社会主义"三大改造"完成，社会主义制度在中国建立算起，到本世纪中叶，正是实现我国建成富强、民主、文明、和谐的社会主义现代化国家之时。这就是我们所说的"两个一百年"

的奋斗目标的“第二个一百年”。而实现这一目标之时，就是实现中华民族伟大复兴的“中国梦”之时，是中华民族的“圆梦”时刻。在这“第二个一百年”之前，还有全面建成小康社会，可以说，这是当前离我们最近的要实现的目标。

古语云：“不谋万世者，不足谋一时。”如果不从长远角度考虑问题，就很难谋划周全一时之事。没有明确的长远目标，阶段性目标也就无从把握。历史、现实、未来是相通的。历史是过去的现实，现实是未来的历史。改革开放是决定当代中国命运的关键一招，也是决定实现“两个一百年”奋斗目标、实现中华民族伟大复兴的关键一招。作为一场深刻的“革命”，改革开放必须坚持正确的方向，沿着正确的道路推进。在方向问题上，我们的头脑必须十分清醒，不断推动社会主义制度自我完善和发展，坚定不移地走中国特色社会主义道路。改革开放是前无古人的崭新事业，必须坚持正确的方法论，在不断实践探索中推进。而坚持正确的方法论，前提就是要有正确的世界观。

事实一再告诉我们，马克思、恩格斯关于资本主义社会基本矛盾的分析没有过时，关于资本主义必然消亡、社会主义必然胜利的历史唯物主义观点也没有过时。这是社会历史发展不可逆转的总趋势，但其中的道路是曲折的。资本主义最终消亡、社会主义最终胜利，必然是一个很长的历史过程。我们要深刻认识资本主义社会的自我调节能力，充分估计到西方发达国家在经济、科技、军事方面长期占据优势的客观现实，认真做好两种社会制度长期合作和斗争的各方面准备。在相当长的时期内，初级阶段的社会主义还必须同生产力更发达的资本主义长期合作和斗争，还必须认真学习和借鉴资本主义创造的有益文明成果，甚至必须面对人们用西方发达国家的长处来比较我国社会主义发展中的不足并加以指责的现实。我们必须有很强大的战略定力，坚决抵制社会主义的各种错误主张，自觉纠正超越阶段的错误观念。最重要的，还是集中精力办好自己的事情，不断壮大我们的综合国力，不断改善人民的生活，不断建设对资本主义具有优越性的社会主义，不断为我们赢得主动、赢得优势、赢得未来打下更加坚实的基础。

对于中国共产党党员而言，正确的选择就是坚定马克思主义信仰，坚持无产阶级的世界观和方法论。中国共产党成立之时，长远目标就已确定，就是实现共产主义理想。共产主义绝不可能一蹴而就，但我们不能因为实现共产主义理想是一个漫长的过程，就认为那是虚无缥缈的，就不去做一个忠诚的共产党员。革命理想高于天。实现共产主义是我们共产党人的最高理想，而这个最高理想是需要一代又一代人接力奋斗的。一些人认为共产主义是可望而不可即的，甚至认为是望都望不到、看都看不见的，是海市蜃楼般的。这就涉及唯物史观与唯心史观的世界观问题。我们有一些同志之所以理想渺茫、信仰动摇，根本的原因就是历史唯物主义观点不牢固。没有远大理想，不是合格的共产党员；离开现实工作而空谈远大理想，也不是合格的共产党员。

的确，实现共产主义是一个非常漫长的历史过程，我们必须立足党在现阶段的奋斗目标，脚踏实地地推进我们的事业。如果丢失了我们共产党人的远大目标，就会迷失方向，变成功利主义、实用主义。中国特色社会主义是党的最高纲领和最低纲领的统一。中国特色社会主义的基本纲领，概而言之，就是建立富强、民主、文明、和谐的社会主义现代化国家。这既是从我国正处于并将长期处于社会主义初级阶段的基本国情出发的，又没有脱离党的最高理想。我们既要坚定走中国特色社会主义道路的信念，又要胸怀共产主义的崇高理想，矢志不移地贯彻执行党在社会主义初级阶段的基本路线和基本纲领，做好当前每一项工作。

三、国家好，民族好，大家才会好

2009 年是中华人民共和国的六十华诞，作为献礼的歌曲《国家》，由著名演员成龙和歌唱家刘媛媛演唱，王平久作词，金培达作曲，王力宏担任制作人。这首歌一经推出，便广受好评。其中的歌词很好地诠释了国家与个人之间的关系。全部歌词如下：

一玉口中国
一瓦顶成家
都说国很大
其实一个家
一心装满国
一手撑起家
家是最小国
国是千万家
在世界的国
在天地的家
有了强的国
才有富的家
国的家住在心里
家的国以和矗立
国是荣誉的毅力
家是幸福的洋溢
国的每一寸土地
家的每一个足迹

国与家连在一起
创造地球的奇迹

一心装满国
一手撑起家
家是最小国
国是千万家
在世界的国
在天地的家
有了强的国
才有富的家
国的家住在心里
家的国以和矗立
国是荣誉的毅力
家是幸福的洋溢
国的每一寸土地
家的每一个足迹
国与家连在一起
创造地球的奇迹

国是我的国
家是我的家

我爱我的国
我爱我的家
国是我的国
家是我的家
我爱我的国
我爱我的家
我爱我国家

的确，“家是最小国，国是千万家”。从古到今，我们中国人关于“国”和“家”的观念是始终联系在一起的。

（一）中国人的家国观

我们生而为中国人，最根本的就是中国人有独特的精神世界。在中国人的观念中，“家”和“国”是一体的。现代汉语中的“家”指“共同生活的眷属和他们所住的地方”。而在古代汉语中，“国，邦也”，“大曰邦，小曰国，邦之所居亦曰国”。所以，“国”在现代汉语中是指有土地、人民、主权的政体，在古代汉语中常指“诸侯所受封的地域”。西周时期，周武王采取了分封制——“天子建国，诸侯立家，卿置侧室，大夫有两宗”。这时的“家”“国”都是政治组织，而且是由血缘、姻亲联结起来的政治组织，“国”往往由“家”构成，“家”带着“国”的印记。西周的宗法制是“家国一体”思想的源泉，后被儒家与历代封建统治者强化，逐渐将“家国一体”与“忠孝两全”联系起来。

先秦时代的儒家最早阐发了“家国一体”的思想。《礼记》有云：“身修而后家齐，家齐而后国治，国治而后平天下。”《孟子》说：“人有恒言，皆曰：‘天下国家。’天下之本在国，国之本在家，家之本在身。”朱熹认为：“古之欲明明德于天下者，先治其国；欲治其国者，先齐其家；欲齐其家者，先修其身；欲修其身者，先正其心；欲正其心者，先诚其意；欲诚其意者，先致其知；致知在格物。物格而后知至，知至而后意诚，意诚而心正，心正而后身修，身修而后家齐，家齐而后国治，国治而后天下平。”“西周的宗法制瓦解以后，少了血缘和政治等级的束缚，个人的品性修养对‘家国一体’思想的实现就具有非常重要的作用。”[16]儒家文化强调崇德修身，君子必须修己正身，首先完成自身的道德修养，然后“齐家”，就是管理好家庭，最后实现“国治”“平天下”。家作为纽带，最终实现了个人、家庭、国家的三者统一。黑格尔说：“中国纯粹建筑在这一种道德的结合上，国家的特性便是客观的家庭孝敬。”[17]随着封建专制的逐渐加强，“家国一体”成为了历代统治者治国理政的基本经验，而且在此基础上强化成为国尽忠、为家尽孝的封建道德观念，对中国人影响深远，最终也促成了中国人延续至今的家国情怀。

在近代中华民族遭遇强敌入侵之时，这种家国情怀也成了中国人民抗击侵略者的重要精神动力，加上中国长久以来形成的“大一统”的文化意识，舍家保国、追求天下为公成了中国文化中的主流。正如钱穆先生所说：“有家而有国，次亦是人文化成。中国俗语连称国家，因是化家成国，家国一体，故得连称。也如身家连称。有如民族，有了家便成族，族与族相处，便成一大群体，称之曰民族。此亦由人文化成。”[18]“中国人重人之德行，故重公更过于重私，重大更过于重小。国家民族之大生命更重于家室个别之小生命。”[19]时至今日，这样的家国情怀仍然影响着一代又一代的中国人。只是这样的家国情怀早已不是昔日那种“家国同构，忠君爱国”的模样。如今的家国情怀已成为了中国人对国家的一种情感认同，理想目标则是实现家庭的幸福、国家的富强以及社会的和谐。这就是当代的“修身、齐家、治国、平天下”。

(二)国家富强、民族复兴是人民幸福的前提和保证

国家好，民族好，大家才会好。中国梦是国家的、民族的，也是每一个中国人的。只有每个人都为美好梦想而奋斗，才能汇聚起实现中国梦的磅礴力量。而国家的富强、民族的复兴是人民幸福的前提和保证。人民的幸福需要国家富强作为物质基础，因为一个积贫积弱的国家永远无

法保障在此国度中生活的人民的基本权利。民族是具有共同生活方式的实体，也是利益共同体和命运共同体。如果一个民族被欺凌、被压迫，那么这个民族的所有成员就不可能过上有尊严的生活。所以，国家富强、民族复兴是人民幸福的前提和保证。

国家富强才有能力保障人民的安全，这是人民幸福的基本前提。如果生活在连年战乱的国度里，连生命都会面临威胁，那么这个国度的人民是不可能有幸福可言的。人人都希望在和平稳定的环境中，去追求自己的幸福。国家能否为人民提供一个和平稳定的外部环境是事关所有人幸福的大事。近代以来，中国人民曾面临亡族灭种的危险，战争曾给中国人民带来难以平复的伤痛，这些曾经的过往，都使得中国人民更加珍视和平。在和平稳定的国度生活，是中国人民幸福的基本前提，这需要国家具有强大的国防才能实现，这依赖于国家的富强。此外，国家富强，才有更好的物质基础来保障民生，使人民共享天下太平、幸福美好的生活。民生连着民心，民心关系国运。人民希望能够在学有所教、劳有所得、病有所医、老有所养、住有所居等方面得到持续的新进展，这些都需要国家和政府投入更多的物力和财力，都需要国家的富强作为前提条件。改革开放以来，我们一直坚持发展就是硬道理的战略思想，坚持以经济建设为中心，全面推进社会主义经济建设、政治建设、文化建设、社会建设、生态文明建设，深化改革开放，推动科学发展，不断夯实实现中国梦的物质文化基础。

实现中华民族伟大复兴是中华民族近代以来最伟大的梦想。实现海峡两岸和平发展已成为中华民族伟大复兴的重要组成部分。经过中华儿女的不懈奋斗，中华民族伟大复兴展现出前所未有的光明前景。实现中华民族的振兴符合时代发展的潮流，符合两岸人民的共同利益。两岸同胞同属中华民族，这种天然的血缘纽带任何力量都切割不断；两岸同属同一个中国，这一基本事实任何力量都无法改变；两岸交流合作得天独厚，这种双向利益需求任何力量都压制不住。大陆和台湾虽然尚未统一，但同属一个中国，是不可分割的整体。我们坚持从中华民族整体利益的高度把握两岸关系大局，坚持维护中华民族根本利益，维护包括台湾同胞在内的全体中华儿女的共同利益。从中华民族整体利益把握两岸关系大局，最根本的、最核心的是维护国家领土和主权完整。团结统一的中华民族是海内外中华儿女共同的根，博大精深的中华文化是海内外中华儿女共同的魂，实现中华民族伟大复兴是海内外中华儿女共同的梦。共同的根让我们情深意长，共同的魂让我们心心相印，共同的梦让我们同心同德，我们一定能够共同书写中华民族发展的时代新篇章。现在，我们比历史上任何时期都更接近实现中华民族伟大复兴的目标,比历史上任何时期都更有信心、更有能力实现这个目标。

中国梦是民族的梦,也是每个中国人的梦。每个人都有理想和追求,都有自己的梦想。实现中华民族伟大复兴,就是中华民族近代以来最伟大的梦想。这个梦想,凝聚了几代中国人的夙愿,体现了中华民族和中国人民的整体利益,是每一个中华儿女的共同期盼。历史告诉我们,每个人的前途命运都与国家和民族的前途紧密相连。国家好,民族好,大家才会好。只要我们紧密团结,万众一心,为实现共同梦想而奋斗,实现梦想的力量就无比强大,我们每个人为实现自己梦想的努力就拥有广阔的空间。生活在我们伟大祖国和伟大时代的中国人民,共同享有人生出彩的机会,共同享有梦想成真的机会,共同享有同祖国和时代一起成长与进步的机会。有梦想,有机会,有奋斗,一切美好的东西都能够创造出来。全国各族人民一定要牢记使命,心往一处想,劲往一处使,用 13 亿人的智慧和力量汇集成不可战胜的磅礴力量。

(三)幸福是种权利,也是能力

中国梦归根到底是人民的梦,前提是国家富强、民族振兴,落脚点是人民的幸福。实现中国梦,需要经济社会的不断发展,需要民生的持续改善,这是复兴之本、梦想之基。“中国梦”是否实现的衡量标准，就是看人民生活水平是否得到逐步提高，能否让群众得到更多看得见、摸得着的实惠，能否让老百姓的生活更加幸福。

幸福需要一定的物质条件作基础，需要国家政策来保证所有人都拥有平等的追求幸福的权利，关键要看执政党是否具有这样的执政能力，是否能够做到立党为公，执政为民。古语云：“一切为民者，则民向往之。”中国共产党的宗旨就是全心全意为人民服务。一个政党，只有顺民意、

2017年1月9日，在第十届内蒙古自治区那达慕大会召开期间，牧民们身着节日盛装，自发从四面八方赶来参与盛会。活动现场，牧民们其乐融融、欢聚一堂，共襄草原盛会，展现了一幅幸福安康的生活画卷

得民心、为民谋利，才能得到人民群众的拥护和支持，才能永远立于不败之地。执政党和政府应该将人民的福祉作为奋斗的目标，中国共产党自成立之日起，一直是以此作为政党的纲领和目标的。中国共产党在中国执政，必须要坚持权为民所用、情为民所系、利为民所谋，真正为人民掌好权、执好政。共产党的任务就是要带领人民把国家建设得更好，让人民生活得更好。在发展经济的基础上不断提高人民生活水平，是党和国家一切工作的根本目的。我们党要巩固执政地位、完成执政使命，就必须始终把实现好、维护好、发展好最广大人民的根本利益作为一切工作的出发点和落脚点，不断解决好人民最关心、最直接、最现实的利益问题，努力让人民过上更好的生活。人民对美好生活的追求，就是我们的努力方向。我们的人民热爱生活，期盼有更好的教育、更稳定的工作、更满意的收入、更可靠的社会保障、更高水平的医疗卫生服务、更舒适的居住条件、更优美的环境，期盼孩子们能成长得更好、工作得更好、生活得更好。所以，继续推动科学发展、促进社会和谐，继续改善人民生活、增进人民福祉，是时代赋予我们党光荣而艰巨的任务。

然而，国家好，民族好，并不代表人民一定会好。每个人都有追求幸福的权利，但是并不代表每个人都具备幸福的能力。幸福不是免费午餐，幸福不会从天而降，梦想不会自动成真。人世间的一切成就、一切幸福都源于劳动和创造。对每一个中国人而言,要自觉地把人生理想和家庭幸福融入国家富强、民族复兴的伟业之中,把个人梦与中国梦紧密联系在一起,始终以国家主人翁的姿态为坚持和发展中国特色社会主义做贡献。“功崇惟志,业广惟勤。”我国仍处于并将长期处于社会主义初级阶段,实现中国梦,创造全体人民更加美好的生活,这是任重而道远的,需要我们每个人继续付出辛勤劳动和艰苦努力。劳动是财富的源泉,也是幸福的源泉。人世间的美好梦想,只有通过诚实劳动才能实现;发展中的各种难题,只有通过诚实劳动才能破解;生命里的一切辉煌,只有通过诚实劳动才能铸就。

注释

①习近平.在庆祝中国共产党成立95周年大会上的讲话[N].人民日报,2016-07-02(02).

②罗宇凡,曹建礼.大数据表明:中国显现更加开放和谐文明国家形象[N/OL].新华网.2016-02-24.http://news.xinhuanet.com/politics/2016-02/24/c_1118148388.htm.

③习近平.切实把思想统一到党的十八届三中全会精神上来.十八大以来重要文献选编:上[G].北京:中央文献出版社,2014:547—554.

④⑤费孝通.中国文化的重建[M].上海:华东师范大学出版社,2014:4,17.

⑥张宏杰.中国国民性演变历程[M].湖南:湖南人民出版社,2013:12。

⑦梁漱溟.中国文化的命运[M].北京:中信出版社,2010:125.

⑧袁国礼."猎狐2015"专项行动共抓获外逃人员857名[N/OL].京华网.2016-1-28.http://epaper.jinghua.cn/html/2016-01/28/content_277443.htm.

⑨邓小平.我们有信心把中国的事情做得更好.邓小平文选:第3卷[M].北京:人民出版社,1993:326.

⑩张云华.读懂中国农业[M].上海:上海远东出版社,2015:3.

⑪习近平.在省部级主要领导干部学习贯彻党的十八届五中全会精神专题研讨班上的讲话[N].人民日报,2016-05-10(02).

⑫武力.五中全会解读:开放的中国将为世界发展作出更大贡献[N/OL].中国网,2015-11-03.http://news.china.com.cn/txt/2015-11/03/content_36962563.htm.

⑬国家行政学院经济学教研部,编著.中国经济新常态[M].北京:人民出版社,2015.

⑭胡舒立,主编.雾霾下的中国[M].长沙:中南出版传

媒集团,北京:中南博集天卷文化传媒有限公司,2015:14.

⑮陈吉宁.74 个城市 PM2.5 年均浓度同比降 14.1%[N/OL].中国网,2016-03-11.http://henan.china.com.cn/html/latest/2016/0311/355799.html.

⑯刘紫春,汪红亮.家园情怀的传承与重构[J].江西:江西社会科学,2015(07).

⑰[德]黑格尔.历史哲学[M].王造时,译.上海:上海世纪出版社集团,2006:122.

⑱⑲钱穆.晚学盲言[M].广西:广西师范大学出版社,2004:14,57.

参考文献

1.中共中央宣传部.习近平总书记系列重要讲话读本(2016年版)[M].北京:学习出版社,人民出版社,2016.

2.中共中央党史研究室.中国共产党的九十年(三卷本)[M].北京:中共党史出版社,2016.

3.习近平.知之深　爱之切[M].石家庄:河北人民出版社,2015.

4.习近平.习近平谈治国理政[M].北京:外文出版社,2014.

5.习近平.摆脱贫困[M].福州:福建人民出版社,2014.

6.习近平.干在实处　走在前列[M].北京:中共中央党校出版社,2013.

7.习近平.之江新语[M].杭州:浙江人民出版社,2007.

8.中共中央文献研究室.十八大以来重要文献选编:上,中[M].北京:中央文献出版社,2014,2016.

9.中共中央文献研究室.十七大以来重要文献选编:

上,中,下[M].北京:中央文献出版社,2009,2011,2013.

10.房宁,主编:中国政治参与报告(2016)[M].北京:社会科学文献出版社,2016.

11.梁漱溟.中国文化的命运[M].北京:中信出版社,2016.

12.张岱年,程宜山.中国文化精神[M].北京:北京大学出版社,2015.

13.朱云汉.高思在云——中国兴起与全球秩序重组[M].北京:中国人民大学出版社,2015.

14.宋鲁郑.中国能赢:Ⅰ,Ⅱ,Ⅲ[M].北京:红旗出版社,2012,2013, 2015.

15.钱乘旦.思考中的历史——当代史学视野下的现代社会转型[M].北京:北京师范大学出版社,2015.

16.高铁见闻.高铁风云录[M].长沙:湖南文艺出版社,2015.

17.张飞岸.被自由消解的民主[M].北京:中国社会科学出版社,2015.

18.郑永年.中国模式经验与挑战[M].北京:中信出版社,2015.

19.张维为.中国三部曲:中国触动,中国震撼,中国超越[M].上海:上海人民出版社,2015.

20.杨光斌.中国民主轨迹与走向(1978—2020)[M].

北京:中国社会科学出版社,2015.

21.包刚升.被误解的民主[M].北京:法律出版社,2015.

22.郭建宁.社会主义核心价值观基本内容释义[M].北京:人民出版社,2014.

23.费孝通.中国文化的重建[M].上海:华东师范大学出版社,2014.

24.《西式民主怎么了》编写组.西式民主怎么了[M].北京:学习出版社,2014.

25.孙中山.三民主义[M].北京:东方出版社,2014.

26.王绍光.民主四讲[M].北京:生活.读书.新知三联书店,2014.

27.苏长和.中国话语与国际关系[M].上海:上海人民出版社,2013.

28.玛雅.道路自信:中国道路为什么能[M].北京:北京联合出版公司,2012.

29.景跃进.理解中国政治——关键词的方法[M].北京:中国社会科学出版社,2012.

30.郑永年.通往大国之路——中国的知识重建和文明复兴[M].北京:东方出版社,2012.

31.梁漱溟.东西文化及其哲学[M].北京:商务印书馆,2010.

32.金冲及.二十世纪中国史纲[M].北京:社会科学文献出版社,2009.

33.房宁.民主政治十论[M].北京:中华书局,2009.

34.汤一介.反本开新——汤一介自选集[M].北京:首都师范大学出版社,2008.

35.胡绳.帝国主义与中国政治[M].北京:人民出版社,1996.

36.[美]杰拉尔德·瑟斯曼.西方如何"营销"民主[M].忠华,译.北京:中信出版社,2015.

37.[美]诺姆·乔姆斯基.世界秩序的秘密[M].李广茂,译.南京:译林出版社,2015.

38.[法]勒内·格鲁塞.中国的文明——西方人眼中的中华文明五千年[M].吴青山,译.北京:新世界出版社,2014.

39.[美]费正清.费正清中国回忆录[M].北京:中信出版社,2013.

40.[挪威]乔根·兰德斯.2052:未来四十年的中国与世界[M].秦雪征,谭静,叶硕,译.南京:译林出版社,2013.

41.[美]德内拉·梅多斯,乔根·兰德斯,丹尼斯·梅多斯.增长的极限[M].李涛,王智勇,译.北京:机械工业出版社,2013.

42.[英]赫伯特·乔治·威尔士.大国的崛起[M].徐

建萍，译.西安：陕西师范大学出版社，2010.

43.［美］恩道尔.粮食危机［M］.赵刚，译.北京：知识产权出版社，2008.

44.［英］保罗·肯尼迪 .大国的兴衰——1500—2000年经济变迁与军事冲突［M］.陈景彪，译.北京：国际文化出版社公司，2006.

45.［英］安格斯·麦迪森.世界经济千年史［M］.伍晓鹰，许宪春，叶燕斐，施发启，译.北京：北京大学出版社，2003.

46.［印］泰戈尔.民族主义［M］. 谭仁侠，译.北京：商务印书馆，1982.

47.苏长和.民主的希望和未来在中国——谈谈中国式民主与美国式民主：上，下［J］.人民日报（海外版），2014-09-05（02），2014-09-06（07）.

48.朱力，朱志玲.当前社会心态的特点及变化趋势［J］.人民论坛，2015-12（下）.

49.贾立政等.中国和实力［J］.人民论坛，2015－07（上）.

50.胡鞍钢.中国为何能打破“国强必霸”——习近平“共赢主义”思想目标与内涵［J］.人民论坛，2015-05（下）.

51.金朝晖.中国打破“国强必霸”魔咒的历史逻辑［J］.毛泽东邓小平理论研究，2014（10）.

52.叶朗.中华文明的开放性和包容性[J].北京大学学报(哲学社会科学版),2014(03).

53.袁行霈.中华文明的历史启示[J].北京大学学报(哲学社会科学版),2014(17).

54.陈琼珍.中国特色社会主义的“富强”范畴[J].中国特色社会主义研究,2014(01).

55.姜义华.中华文明多样性十论[J].学术前沿,2013-01(下).

56.徐浩然.变动的视角与不变的原则——美国“中国学家”的中国民主化研究评析[J].国外理论动态,2012,8.

57.许纪霖.富强还是文明——崛起后的中国走向何方[J].贵州文史丛刊,2012-03.

58.张树华.冷战后西方民主与民主化研究:理论困境与现实悖论[J].红旗文稿,2011-11.

59.吴潜涛.全面理解爱国主义的科学内涵[J].高校理论战线,2011-10.

60.陈先达.历史唯物主义的史学功能——论历史事实、历史现象、历史规律[J].中国社会科学,2011-02.

后　记

当2017年新年的钟声即将敲响之际,《我们的核心价值观》丛书终于完成了。可以说,这套丛书是伴随着2016年年终的脚步画上句号的。

“革命理想高于天。”2016年5月,习近平总书记在哲学社会科学工作座谈会上的讲话中说:“新形势下,我国哲学社会科学地位更加重要、任务更加繁重。面对社会思想观念和价值取向日趋活跃、主流和非主流同时并存、社会思潮纷纭激荡的新形势,如何巩固马克思主义在意识形态领域的指导地位,培育和践行社会主义核心价值观,巩固全党全国各族人民团结奋斗的共同思想基础,迫切需要哲学社会科学更好发挥作用。”当《我们的核心价值观》丛书即将付梓之际,重温总书记的讲话,我们倍感亲切,深受鼓舞;回顾一年来的写作历程,心潮波澜起伏,久久不能平静。

2015年秋季的某一天,我们接到黄山书社马磊同志的电话，说是在中国社会科学杂志社副总编辑、《历史研究》主编、中国社会科学网总编辑李红岩研究员的极力推荐下，希望由我们主编一套关于阐述社会主义核心价值观的丛书。具体要求是根据党的十八大以来形势的新发展，以习近平总书记系列重要讲话精神为指导，站在时代的制高点上，写出具有新的时代特点的通俗理论读物，且具有较高质量和水平。当时，赵智奎研究员感到很为难。因为他知道，撰写通俗理论读物往往是吃力又费时的差事。这不仅需要作者具有轻松驾驭文字的能力，更主要的是能将复杂深奥甚至是晦涩的理论深入浅出地表达出来，通俗易懂、便于理解。而后者，没有相当的理论功力，是很难做到的。往往初始信心满满，结果却不尽如人意。就在他考虑婉拒之时，李红岩研究员的电话打来了。他说了一些关于学术理论界研究和阐述中国特色社会主义理想信念和社会思潮的状况，特别提到撰写社会主义核心价值观通俗读本的重要现实意义。

我们都被李红岩研究员感动了。不单是因为那些鼓励的话语，更重要的是因为他那马克思主义史学专家的胸怀和担当精神。我们作为马克思主义专业理论工作者，理所当然地都要学习和拥有这种担当精神！于是，我们接受了这项任务，赵智奎研究员与在中国社会科学院工作和学习的 3 位青年学者成立了一个撰写社会主义核心价值观丛书的小组。赵智奎任丛书主编，撰写《总论篇》和丛书总序；齐冰撰写《国家篇》；郑建撰写《社会篇》；王永磊撰写《公民篇》。

众所周知，多年以来，围绕“社会主义核心价值体系”和“社会主义核心价值观”，思想理论界推出的成果并不少。那么，在众多成果中，我们这套丛书的特点与亮点又体现在哪里呢？依照设计，我们将习近平总书记系列重要讲话精神作为本书的指导思想，力图结合十八大以来以习近平同志为核心的党中央治国理政的新理念新思想新战略，对社会主义核心价值观进行具有新的时代特点与高度的系统阐释。这就是我们希望本丛书能够达到和具有的特点与亮点。

“一分耕耘一分收获”，“功夫不负有心人”。一年来，在中国社会科学院马克思主义研究院和中国社会科学杂志社的大力支持和帮助下，我们撰写小组齐心协力，在比较充分占有资料的基础上，当然也是站在该领域许多专家学者的肩上，汲取了他们的学术成果和宝贵经验，经过多次讨论，数易其稿，终于完成了丛书写作任务。

这里，我们要再次特别感谢李红岩研究员，没有他的支持和鼓励，这套丛书是很难顺利完成的。我们还要感谢中宣部思想政治工作研究所副所长戴木才研究员、清华大学马克思主义学院副院长肖贵清教授、北京大学马克思主义学院原院长郭建宁教授、安徽出版集团林清发总编辑，感谢他们审阅全书并提出宝贵的修改意见。我们也要感谢黄山书社的副社长马磊同志、编辑高杨同志，感谢他们不辞辛苦，多次往返于北京和安徽两地，还搜集了许多出版物和资料寄给撰写小组作参考，使我们受益良多。

诚然，我们深知本丛书一定还存在着某些不足。我们热切地期待广大读者的反馈，希望倾听到理论界专家和学者的批评指正。最后，让我们共同为培育和宣传社会主义核心价值观做好本职工作；理论联系实际，结合世情、国情、党情特别是改革开放活生生的伟大实践，通俗地阐述社会主义核心价值观，脚踏实地践行社会主义核心价值观，努力贡献我们的全部力量！

赵智奎　齐冰　郑建　王永磊

2016 年 12 月 30 日于北京